GUILLAUME DE SALUSTE DU BARTAS

POÈTE SCIENTIFIQUE

GUILLAUME DE SALUSTE DU BARTAS

POÈTE SCIENTIFIQUE

par

JAMES DAUPHINÉ

*Ouvrage publié avec le concours
du Centre National des Lettres*

PARIS

SOCIÉTÉ D'ÉDITION « *LES BELLES LETTRES* »

95, BOULEVARD RASPAIL 75006

1983

Cette étude est directement inspirée de la dernière partie, quelque peu remaniée, d'une thèse de littérature soutenue à Nice le 10 janvier 1981 : « Les visions poétiques du cosmos de Dante à l'aube du XVIIᵉ siècle. ».

Je tiens à exprimer ma gratitude à ceux qui ont encouragé mon effort : Messieurs les Professeurs Alain Michel, Jean-Claude Margolin et François Secret, et je trouve ici l'occasion de remercier de leur bienveillante attention les membres de mon jury de thèse : les Professeurs Hélène Tuzet, Pierre Brunel, président, Claude Faisant, Pierre Marambaud et Jean Richer, rapporteur, auquel ma reconnaissance s'adresse particulièrement car il a toujours été pour moi le plus amical et le plus éclairé des guides.

Je suis également reconnaissant à Monsieur Pierre de Mijolla et aux éditions Les Belles Lettres d'avoir bien voulu accepter de publier ce travail.

ISBN : 2.251-36524-9
ISSN : 0291-106.X

AVANT-PROPOS

La croyance en un cosmos, c'est-à-dire « la croyance à l'existence de principes d'ordre en vertu desquels l'ensemble des êtres réels forment un tout (naturellement) bien ordonné »[1], dépasse largement les cadres historiques de l'Antiquité. Au Moyen Age, et plus encore au XVIe siècle, si le mot cosmos dans son acception originelle a connu des fortunes diverses, la notion de monde harmonieux, organisé, structuré s'imposait néanmoins. La somme savante et détaillée de P. Duhem *Le Système du monde. Histoire des doctrines cosmologiques de Platon à Copernic*[2], rend compte de l'intérêt que suscitaient l'agencement des cieux et la place de l'homme dans l'univers. Dès lors, du *Timée* au *Traité du Ciel* d'Aristote, de la *Sphère* de Proclus à celle de Jean Sacrabosco, de l'*Almageste* de Ptolémée au *de Revolutionibus* de Copernic, reviennent les mêmes questions, les mêmes préoccupations, celles qui agiteront encore Galilée, Descartes, Kepler, Newton, celles qui ne cesseront de préoccuper les hommes. On ne renverse pas facilement les idoles, on ne détruit pas aisément les mythes : pas même avec une révolution scientifique bouleversant l'ordre et le schéma de l'univers.

L'année 1543, cruciale pour l'historien des sciences, qui vit la parution du *de Revolutionibus*, n'a pas provoqué une rupture immédiate dans l'histoire des idées. Si le traité de Copernic devait avoir un grand retentissement dans les décennies suivantes, il restait encore trop isolé pour pouvoir changer l'image du monde, pour avoir une action directe sur l'imagination des hommes. Le clergé résiste, les savants se querellent, certains poètes se taisent, d'autres, à l'exemple de Du Bartas, prennent parti[3], tandis que nombre

---

1. A. Koyré : *Études galiléennes*. Paris, Hermann et Cie, 1939, 3 vol., t. 1, p. 12.
2. Paris, Hermann, 10 t., 1913-1959.
3. J. Plattard : « Le système de Copernic dans la littérature française au XVIe siècle », *Revue du Seizième Siècle*, 1913, tome I, fasc. 1-2, pp. 220-237 ; F.R. Johnson : *Astronomical Thought in Renaissance England. A Study of the English Scientific Writings from 1500 to 1645*, New York, Octagon Books, Inc. 1968 (1937), pp. 93-210 ; P.H. Kocher : *Science and Religion in Elizabethan England,*

d'entre eux comme plus tard Milton préfèrent, par politique ou par souci poétique, le vieux plan des neuf ou dix cieux concentriques au nouvel ordre scientifique. « Si les mathématiques sont la vérité du réel »[4], elles ne gouvernent pas encore les esprits. 1543, année capitale pour l'histoire de la « sférique », l'astronomie, fut pour la poésie cosmologique une année banale. Ce n'est qu'avec G. Bruno et G. Galilée que l'étincelle du « docte germain » embrasera la combinaison usée d'un cosmos scientifiquement révolu. Le célèbre *Dialogo (...) sopra i due massimi sistemi del mondo tolemaico e copernicano* de Galilée, publié en 1632, marque plus sûrement que 1543 le moment où l'image traditionnelle du monde bascule, où la révolution scientifique entraîne une révolution métaphysique, religieuse et intellectuelle.

L'étude de la vision cosmologique de Du Bartas et de sa poétique du cosmos est liée aux déterminations culturelles de son temps, mais aussi aux progrès accomplis par la science et au champ des pulsions et rêveries qui sous-tendent le projet de celui qui se voulait chantre d'Uranie. La poétique du cosmos est, en effet, expression stylistique et matérialisation d'une idée à l'aide d'une structure, d'une poésie, d'une forme aux valeurs symboliques universelles. Que ce soit dans les œuvres de Dante, de Ronsard, de Shakespeare, de Spenser ou dans celles d'écrivains un peu moins illustres comme Pontano, Scève, Sidney et bien sûr Du Bartas, on remarque que les accents les plus beaux, les peintures les plus réussies impliquent l'effacement de l'auteur. Poètes et écrivains cosmologiques semblent affirmer que l'art est ascèse, maîtrise d'élans trop personnels au profit d'une conscience ouverte aux grands thèmes de la réflexion humaine. L'œuvre devient alors un réceptacle de la psyché dont le poète aura été l'instrument privilégié. Les tensions qui tiraillent l'imaginaire, le style et la pensée sont au cœur du processus de la création poétique qui, au-delà d'une poétisation des mécanismes de l'univers, amorce une quête sur la finalité de l'homme, du cosmos et de Dieu. Toutefois dans ces voies métaphysiques, la rêverie gratuite, naturellement symbolique, peut réduire les antinomies et éviter les lieux communs de la métaphore ou de l'image qui guettent un thème déjà usé au moment où le poète l'aborde. Par vision poétique, on entend donc la transformation par les voies de l'imaginaire, de la pensée et de la poésie, d'une réalité donnée, tangible ou fictive. C'est pour cela que la réflexion sur l'œuvre de Du Bartas s'inscrit dans une enquête plus vaste qui consiste à analyser

San Marino, California, The Huntington Library, 1953, pp. 29-44, 63-92, 189-200.

4. G. Gusdorf : *Les Sciences humaines et la pensée occidentale*, Paris, Payot, 1966-1978, 8 t., 1966, t. 1, p. 95.

comment les poètes de la Renaissance, et singulièrement les poètes scientifiques ont su donner vie à la peinture du cosmos.

Disséquer le jeu des associations, comprendre les mécanismes de la recherche poétique, considérer l'accomplissement du dessein littéraire et philosophique contenu dans *La Sepmaine*, conduisent inévitablement à réfléchir à cette triade fondamentale pour Du Bartas et certains de ses contemporains : le cosmos, la science, l'imagination. La vision du cosmos ne s'arrête pas à la transcription des lois dirigeant le macrocosme et le microcosme : elle est porteuse d'une attitude intellectuelle, gage d'un effort de l'imagination, preuve d'une attention non dissimulée aux innovations scientifiques et reconnaissance qu'en cette vallée de misère le poète, plus que quiconque, ressent comme loi impérieuse ce que lui dicte Fortune, ce que lui envoie le destin.

L'interrogation sur la vision poétique de Du Bartas, en dernière analyse, réside dans une approche de l'acte poétique et de ses conséquences, même s'il est vrai que les longueurs de *La Sepmaine* sont parfois à l'opposé de tout plaisir du verbe. Fruit de la culture, de la raison, de l'imagination et de la réalité, la poétique du cosmos du poète gascon est *exemplaire* parce qu'elle traduit une façon d'être au monde et a pour but de procurer à tout lecteur des lumières sur ce qui l'entoure. Il faut donc relire Du Bartas !

INTRODUCTION

Lorsqu'à la fin de sa vie Ronsard, peut-être agacé par le succès de *La Sepmaine,* écrivait :

« Ils ont menty, d'Aurat, ceux qui le veulent dire,
Que Ronsard, dont la Muse a contenté les Rois,
Soit moins que le Bartas, et qu'il ait par sa vois
Rendu ce tesmoignage ennemy de sa lyre.

Ils ont menti, d'Aurat : si bas je ne respire,
Je sçais trop qui je suis, et mille et mille fois
Mille et mille tourments plustost je souffrirois,
Qu'un adveu si contraire au nom que je désire.

Ils ont menti, d'Aurat : c'est une invention
Qui part, à mon advis, de trop d'ambition ;
J'aurois menty moy-mesme en le faisant paroistre,

Francus en rougiroit, et les neuf belles Sœurs,
Qui tremperent mes vers dans leurs graves douceurs,
Pour un de leurs enfants ne me voudroyent cognoistre. »[1]

Nous avons consulté *The Works of Guillaume De Salluste Sieur Du Bartas. A Critical Edition with Introduction, Commentary, and Variants in Three Volumes,* par Urban Tigner Holmes, Jr., John Coriden Lyons, Robert Whinte Linker, Chapel Hill, The University of North Carolina Press, 1935-1938-1940 : VIII-240 p., VIII-440 p., VIII-576 p. ; mais la majorité de nos références renvoient à une édition du XVIIᵉ siècle : *Les Œuvres Poetiques et Chrestiennes de G. de Saluste S. du Bartas, Prince des Poëtes François. Ceste Editiō cōtiēt plus que les precedētes, par l'addition de quelques vers et fragmēts : et le tout agēcé suyvant la dispositiō ordonnee par l'Autheur avāt son deces,* Genève, pour Samuel Crespin, 1615, in-24, XIV-699 p. Cette édition, désignée dans les notes par O.C., comporte une erreur de pagination portant sur 9 pages (162' à 169'). L'excellente édition de *La Sepmaine,* établie par Y. Bellenger (Paris, Nizet, 1981, 2 t.), n'était pas encore parue quand ce travail a été entrepris.

1. Ronsard : *Œuvres Complètes,* Paris, Gallimard, La Pléiade, 1966, tome II, p. 947.

et raillait avec Du Perron et Baïf les prétentions de Du Bartas[2], il ne prévoyait pas que ses reproches à l'égard du « docte » poète gascon, allaient être régulièrement repris pour critiquer la poésie et la tentative artistique du poète de *La Judith*. Son opinion eût été insuffisante à assurer la condamnation des œuvres bartasiennes, s'il n'y avait eu un changement de mode. Si la décennie 1575-1585 marque le triomphe de la poésie scientifique et de la poésie baroque, au milieu du XVIIe siècle le goût s'est tellement transformé que Du Bartas et ses émules séduisent peu le lecteur, qu'il soit précieux ou classique. On reproche alors aux poètes de la haute science, en particulier à Du Bartas, d'avoir composé de fades encyclopédies, succombé à la facilité de développements traditionnels, fastidieux et constestables. Du Bartas est en outre l'objet de griefs plus graves d'ordre littéraire.

Le premier est formulé par le Père Rapin. Ce dernier le blâmait d'avoir fait « consister l'essence de la poésie dans la grandeur et la magnificence des paroles »[3]. Charles Sorel, de son côté, lui reprochait l'utilisation abusive de la mythologie dans le poème sacré de *La Sepmaine*, avant d'ajouter que l'inspiration manquait d'originalité : *La Sepmaine* « n'est quasi que l'histoire naturelle de Pline, mise en vers avec quelques autres remarques sur le mesme sujet prises dans des livres fort communs. »[4]. L'éclipse de Du Bartas n'est donc pas surprenante ; ce qui l'est davantage, c'est sa résurrection au XIXe siècle grâce à Goethe, qui fut le premier à lui rendre hommage et justice. En France, Sainte-Beuve, tout en rapportant les propos flatteurs de ce dernier[5], affirmait que Du Bartas ne lui avait « jamais paru un bon poëte », car « sa noblesse

---

2. Ronsard aurait composé le quatrain suivant : « Du Bartas voulant desbrouiller l'univers / Et luy donner une meilleure forme / Luy mesme a faict un grand chaos de vers / Qui plus que l'autre est confus et difforme ». Quant à Baïf il aurait lui déclamé : « Bartas osa, vantard, en sa longue Sepmaine / Le Chaos debrouiller, mais estonnant les sots, / De ses vers hauts tonnans bouffis d'enflure vayne / Il a plus que devant rebrouillé le Chaos ». Du Perron qui n'appréciait pas la poésie de Du Bartas, en plus d'un quatrain ironique, s'est empressé de souligner les traits ridicules du style de *La Sepmaine* : *Perroniana et Thuana ou Pensées Judicieuses, bons mots, rencontres agreables et observations curieuses du Cardinal du Perron, et de M. le President de Thou, conseiller d'Etat*, Cologne, chez ***, 1694, pp. 37-38.

3. Rapin (le Père R.) : *Réflexions sur la Poétique de ce Temps et sur les ouvrages des Poètes Anciens et Modernes*, Paris, F. Muguet, 1674, p. 32.

4. C. Sorel : *Remarques sur le XIIIe Livre du « Berger Extravagant »*, Paris, T. de Bray, 1627-1628, tome III, p. 647.

5. W. Goethe : *Remarque sur le Neveu de Rameau (Goethes saemmtliche Werke in vierzig baden*, Berlin und Stuggart, W. Spemann, s.d., tome XXIX) texte cité par G. Pellissier : *La Vie et les œuvres de Du Bartas*, Paris, Hachette 1882, pp. 285-286. Goethe aimait particulièrement les quarante premiers vers du Septième Jour de la *Première Sepmaine*.

en un mot pèche tour à tour et déroge soit par le trivial, soit par le pédantesque »[6]. Les arguments de Goethe le laissaient insensible et il poursuivait sa critique en reprenant les reproches de Du Perron. Il concluait de manière révélatrice que « la grande édition in-folio de Du Bartas en 1611, peut être considérée comme son vrai tombeau »[7]. A la fin du XIXe siècle, la thèse de Pellissier, *La Vie et les œuvres de Du Bartas*[8], a rappelé aux critiques l'existence et l'exemplarité de l'œuvre bartasienne. A sa suite, universitaires, érudits et curieux se sont plu à lire *La Sepmaine* pour en déchiffrer les lois secrètes comme pour en apprécier la poésie[9].

Les poèmes de Du Bartas s'avèrent à plus d'un titre intéressants, parce qu'ils semblent marquer dans l'histoire des idées le terme d'une vision de l'univers. *La Sepmaine* est l'un des derniers essais significatifs illustrant la systématisation des conceptions philosophiques de l'existence dérivées de l'Antiquité et du christianisme. L'analyse de ce poème conduit à la méditation sur les réactions qu'il a engendrées, ainsi que sur le projet cosmologique défendu par l'auteur. La considération des images et des symboles, le recours à la haute science et la lecture de quelques-unes des traductions de l'œuvre majeure du « divin Bartas » sont de nature à favoriser une compréhension plus exacte de ce que le poète a entrepris. Il est regrettable que l'histoire littéraire passe rapidement sur les conséquences philosophiques de *La Sepmaine*, d'autant que la querelle développée autour d'elle éclaire un tournant important de l'histoire des idées, puisqu'elle constitue l'une des premières rencontres entre l'esprit moderne et le climat intellectuel de la Renaissance. Pour ces diverses raisons, il est nécessaire de revenir sur cette poésie encyclopédique aux aspects certes rébarbatifs, mais aux accents parfois si personnels. Il y a dans l'œuvre de Du Bartas un pari héroïque auquel nul ne reste indifférent. Sans qu'il possède la dimension de Dante, de Ronsard ou de Shakespeare, Du Bartas a incarné un moment de la conscience européenne. Ce qui semble difficilement explicable, c'est l'oubli quasi volontaire dans lequel on l'a maintenu. La postérité a été injuste avec lui.

---

6. C.A. Sainte-Beuve : *Les Grands Ecrivains Français*, Paris, Garnier, 1926, pp. 220-256, p. 220 et 226.
7. C.A. Sainte-Beuve : *op. cit.*, p. 255. Le critique faisait allusion à l'édition des *Œuvres...* de Du Bartas parue à Paris, chez C. Rigaud, 1611.
8. Supra note 5.
9. M. Raymond : *L'Influence de Ronsard sur la poésie française (1550-1585)*, Genève, Droz, 1927, tome II, chap. XXVI, pp. 265-297 ; H. Weber : *La Création poétique au XVIe siècle en France de Maurice Scève à Agrippa d'Aubigné*, Paris, Nizet, 1955, chap. VII, pp. 463-558 ; B. Braunrot : *L'Imagination poétique chez Du Bartas. Éléments de sensibilité baroque dans La Création du Monde*, Chapel Hill, North Carolina Studies, n° 135, 1973.

Chapitre i

LE RETENTISSEMENT DE « LA SEPMAINE ».

On mesure mal aujourd'hui le succès prodigieux qu'obtint *La Sepmaine* dès sa parution, mais l'explication de cet événement littéraire est riche d'enseignement sur l'atmosphère intellectuelle de l'époque. La prise en considération de la réussite de l'œuvre majeure de Du Bartas passe par l'examen historique et contraint à méditer sur le climat psychologique de la fin du XVIe siècle.

Le triomphe de *La Sepmaine* est attesté par les éditeurs, les libraires, les historiens et les écrivains. Marcel Raymond en a dénombré quarante-huit éditions du vivant de Ronsard[1]. A cela s'ajoutent les traductions et les envois du poème à l'étranger. Dès 1583, Gabriel de Lerm soulignait que la renommée de ce « livre » est allée « iusques à l'ouye des estrangers, (et que) les pilastres et frontispices des boutiques Alemandes, Polaques, Espagnoles se sont enorgueillis de so nom, ioint avec ces divins heros, Platon, Homère, Virgile,... »[2]. Il est compréhensible que devant la gloire du nouveau venu les poètes de la Pléiade et leurs disciples aient ressenti quelque amertume. Du Perron, qui rêvait de composer un vaste poème, la « Mosaïde », a pris ombrage du succès de Du Bartas[3]. Ronsard, lui, s'est montré plus juste, comme le rappelait Colletet dans le parallèle

---

1. M. Raymond : *L'influence de Ronsard sur la poésie française (1550-1585)*, éd. citée, tome II, p. 299.
2. *Guillelmi Sallustii Bartasii Hebdomas, opus Gallicum a Gabriele Lermeo Volca, Latinitate donatum*, Paris, M. Gadouleau, 1583, « Epistre à la Royne d'Angleterre », p. 4 recto.
3. *Perroniana et Thuana ou Pensées Judicieuses, bons mots, rencontres agreables et observations curieuses du Cardinal du Perron, et de M. le President de Thou, conseiller d'Etat*, éd. citée, p. 310 : « J'eusse pris le passage des enfans d'Israël et leur sortie d'Egypte, et l'eusse intitulé la Mosaïde. J'eusse décrit tout ce qui se passa en une année ; car il faut que le poëme épique contienne une année, la tragédie un mois, et la comédie un jour. ».

célèbre qu'il établissait entre le chef de la Pléiade et le nouvel Orphée, allant jusqu'à rapporter ce mot :

« Je scay bien qu'il y en a qui se sont persuadez que du Bartas avoit plus faict en
une sepmaine que Ronsard en toute sa vie, et qui attribuait encore ce bon mot à
Ronsard »[4]

Selon le témoignage de Binet, Ronsard a reconnu le talent de
celui qu'on lui opposait et a été sensible au souffle de *La Sepmaine*,
au point de songer lui aussi à composer « plusieurs œuvres
Chrestiennes, et traiter ingénieusement et dignement la naissance du
monde »[5]. Un sentiment de rivalité a toutefois conduit l'auteur des
Hymnes à minimiser l'importance de celui de *La Sepmaine*.
Pratiquant l'amalgame, il confondait volontairement Du Bartas et
Du Monin qui « sont bien (ses) imitateurs en ce qu' (il a) écrit
d'impertinent » mais qui n'ont pu « imiter ce qu' (il a fait)
d'admirable, » car ils « n'ont point l'esprit assez beau pour y scavoir
jamais arriver »[6]. Néanmoins, malgré les attaques portées avec
insistance contre son style « enflé », la renommée de Du Bartas ne
cessait de s'étendre, si bien que dans l'esprit des lecteurs de 1580,
Orphée est autant Du Bartas que Ronsard. Dorat lui-même
glorifiait l'écrivain gascon et tirait savamment de son nom latinisé,
Guilielmus Salustius, l'anagramme flatteur : « Musis laus illius
viget ».

Il est normal dans ce contexte que la comparaison entre les deux
grands poètes ait fait l'objet de multiples discussions et
dissertations. Si Colletet, avec habileté, a comparé Du Bartas à
Ronsard, en évitant de trop les opposer, il semble que, dans la
conscience de l'époque, *La Sepmaine* ait pris l'allure d'un manifeste,
voire d'un défi. De fait, *La Création du Monde* s'éloigne de la
poésie de cour que Ronsard en son temps, et Desportes alors si
prisé, ont cultivée. Au début du *Second Jour* de la *Première
Sepmaine*, sans qu'il nomme Desportes, Du Bartas le condamne,
lui et ses émules, en ces termes :

---

4. G. Colletet : *Vies des poètes gascons,* publié avec introduction, notes et
appendices par P. Tamizey de Larroque, extrait de *La Revue de Gascogne,* Paris,
1866, p. 72.
5. M. Raymond : *op. cit,* tome II, p. 299 : Première version de *La Vie de
Ronsard* de C. Binet.
6. P. de Deimier : *L'Académie de l'art poétique,* Paris, J. de Bordeaux, 1610,
p. 110.

« Tous ces doctes esprits, dont la voix flateresse
Change Hecube en Heleine, et Faustine en Lucresse :
Qui d'un nain, d'un bastard, d'un archerot sans yeux
Font, non un dieutelet, ains le maistre des dieux :
Sur les ingrats seillons d'une infertile arene,
Perdent, mal-avisez, leur travail et leur graine :
Et tendans un filé pour y prendre le vent,
D'un los ie ne sçay quel qui les va decevant,
Se font imitateurs de l'araigne qui file
D'un art laborieux une toile inutile.
Mais bien que nous n'aions rien plus cher que le temps,
Peu ie regretteroi la perte de leurs ans,
Si par ses vers pipeurs leur muse trop diserte,
Se perdant, ne trainoit des auditeurs la perte.
Sous le mielleux appast de leurs doctes escrits
Ils cachent le venin que les ieunes esprits
Avalent à longs traicts et du vin d'amour yvres,
Leur mauvais estomach aime les mauvais vivres,
D'un rude eslancement leurs carmes enchanteurs
Precipitent en bas les novices lecteurs,
Qui font à mieux glisser d'une folastre envie
Par le pendant glacé du mont de ceste vie.
Les vers que leur Phœbus chante si doucement,
Sont les soufflets venteux, dont ils vont r'alumāt
L'impudique chaleur, qu'une poitrine tendre
Couvoit sous l'espesseur d'une honteuse cendre. »[7]

Par réaction, *La Sepmaine*, comme Goulart le faisait observer, est l'œuvre d'un poète épris « des severes et sainctes Muses ». Préférer à l'Amour « les lettres et les sciences » ne doit plus être une « honte »[8]. Du Bartas s'en prenait également aux « Poëtes des

---

7. *O.C. :* pp. 31-32 : *Première Semaine, Second Jour,* vers 1-26. La même idée est reprise dans la *Seconde Semaine, Quatrième Jour, Première Partie, Les Trophées,* p. 436, vers 27-34 : « Pour le laurier sanglant donne-moi le paisible, / Et s'il te plaist encor, d'un rameau trois fois triple / Pris sur un chesne vert, va, subtil, enlaçant / De mon chef glorieux le chapeau verdissant : / Tesmoignage eternel que i'ai sauvé la vie / A mes concitoyens qu'une prophane envie / D'eterniser leur nom, tenoit et nuict et iour / Attachés par les pieds à l'attelier d'Amour ». Dans *« L'Uranie, ou Muse Celeste »,* Uranie elle aussi tançait ses « sœurs maquerelles / Des amoureux François, dont les mignards escrits / Sont pleins de feints souspirs, de feints pleurs, de feints cris / D'impudiques discours et de veines querelles, » : *O.C.,* p. 629, vers 69-72.
8. *Les Oeuvres Poetiques de G. de Saluste, Seigneur Du Bartas, (...) le tout nouvellement r'imprimé avec Argumens, Sommaires et annotations augmentees par S.G.S.,* Genève, pour Pierre et Jacques Choüet, 1608, pp. 3 verso-4 recto : « ainsi nostre siecle enyvré de fols et nuisibles passetemps, fait la moüe aux severes et sainctes Muses. Ceux dont la puissance, l'authorité, les moyens devroyent estre employez à soustenir, avancer et acourager les hommes doctes, deviennent amis d'ignorance et d'insolence, qui ne leur / cornent autre chose aux oreilles que proscription des sciences et de tous ceux qui en font profession (..) L'esprit de

Payens, qui hardis, (font) gloire / D'obscurcir par (leurs) vers l'eternelle memoire / Des ouvrages de Dieu, »[9]. Il poursuivait en leur donnant ce conseil :

> « n'allez plus louanger
> D'un discours fabuleux d'Elise le verger,
> Que vous avez tiré sur un si beau modelle,
> Pour en avoir apris quelque sourde nouvelle
> Venât de père en fils : car l'Ouvrier trois-fois-saint
> A mieux fait son iardin, que vous le vostre feint. »[10]

Il souhaitait provoquer une renaissance de la poésie religieuse à laquelle *La Judith* et *Le Triomphe de la Foi* avaient ouvert à nouveau la voie. Il est symptomatique que son engagement protestant et ses choix poétiques aient eu des points de rencontre, même si Du Bartas se refusait à devenir le poète huguenot officiel. Goulart, pourtant plus enclin au prosélytisme, le qualifiait « d'excellent poète chrestien »[11]. On chercherait cependant en vain dans les poèmes bartasiens les partis pris, les accents et la violence de D'Aubigné[12]. De ce point de vue, Sainte-Beuve, avec justesse, avait bien remarqué que c'est contre la volonté de son auteur que *La Sepmaine* devint un « trophée » des calvinistes[13]. La mention qu'il avait faite de la « Grande Paillarde », c'est-à-dire Rome, bien que conventionnelle, avait cependant échauffé les esprits. Les écrivains du parti catholique ont été obligés de lui répondre, ce qui explique la parution en

mensonge serre de si pres les entendemens de ses esclaves, les tracasse et tourneboule de si estrange sorte, que aujourd'hui c'est une espece de honte d'aimer les lettres et sciences. ». Perrochon (H.) : « Simon Goulart, commentateur de la *Première Sepmaine* de Du Bartas », *Revue d'Histoire Littéraire de la France*, 1925, vol. 32, pp. 397-401.

9. *O.C.* : p. 179 : *Seconde Semaine, Premier Jour, Première Partie, Eden*, vers 49-51.

10. *O.C.* : p. 179 : *Seconde Sepmaine, Premier Jour, Première Partie, Eden*, vers 51-56.

11. Dans l'édition Choüet de 1593 où était publiée pour la première fois la troisième partie du troisième Jour de la *Seconde Semaine, La Loy*, S. Goulart dans son « Advertissement au Lecteur, sur le reste des Oeuvres de G. De Saluste, Sieur Du Bartas », p. 4 recto, louait cet « excellent poète chrestien » dont il soulignait, dans ses commentaires, l'orthodoxie.

12. Rappellons que les parents et grands-parents de Du Bartas étaient catholiques. C'est lui qui a décidé d'opter pour la foi protestante ; P. Deghilage : « L'Evolution religieuse de Du Bartas », *Bulletin de la Société Archéologique, Historique, Littéraire et Scientifique du Gers*, Auch, 3e trimestre 1957, pp. 345-357 et 4e trimestre 1957, pp. 444-469.

13. C.A. Sainte-Beuve : *Les Grands Ecrivains Français*, éd. citée, p. 237.

1582 du recueil intitulé *La Muse Chrestienne, ou recueil des poësies chrestiennes tirées des principaux Poëtes François*[14], destiné à concurrencer l'impression causée sur le public par Du Bartas. La mise à l'Index[15] de *La Sepmaine* a eu peu d'effet sur l'engouement qu'elle continuait de susciter. Il se trouva même un militant catholique et dogmatique comme Feu-Ardent pour ne mettre à l'index que le commentaire de Goulart[16] et innocenter les « propos » fort peu orthodoxes sur la Sainte Trinité « eschapez au Sieur du Bartas plustost par mesgarde, que par malice ou heresie qui soit en son cœur : »[17].

Parallèlement, les protestants eux-mêmes n'étaient pas unanimes dans leur jugement sur Du Bartas. D'aucuns lui reprochaient son poème *La Judith*, inspiré d'un livre qu'ils n'incluaient pas dans leur version de *L'Ancien Testament*, tandis que d'autres, comme Christophe de Gamon, relevaient les erreurs grossières, les naïvetés et les idées discutables contenues dans *La Sepmaine*.

La position de Du Bartas était inconfortable. Ce défenseur des belles lettres, qui voulait unir foi et art en renouant avec l'inspi-

---

14. *La Muse Chrestienne, ou recueil des poësies chrestiennes tirées des principaux Poëtes François*, Paris, G. Malot, 1582.

15. A. Poissevin : *Tractatio de Poesi et pictura ethnica*, Lyon, I. Pillehotte, 1595, p. 244. La mise à l'Index aura lieu en 1594.

16. F. Feu-Ardent : *Sept Dialogues ausquels sont examinez cent soixante et quatorze erreurs des Calvinistes, partie contre la tres-saincte Trinité et Unité de Dieu en commun, partie contre chacune des trois personnes en particulier*, Paris, S. Nivelle, 1585, p. 485.

17. F. Feu-Ardent : *op. cit.*, Dialogue I, pp. 29-30 : « D. ... Or dés le commencement il y chante ces vers : « ... *et dont la Deité / Subsiste heureusement de toute eternité, / Et faict des trois ensemble une Essence triple une* » — M. Et en quoy trouvez-vous erreur ? — D. En ce qu'il triple l'unique et indivisible Essence divine : ce que iamais la parole de Dieu n'enseigna, ne l'Eglise Catholique definist : ains plustost sent le venin des Arriens, Macedoniens, Eunomiens vieils heretiques, et des Trinitaires renouvelez en ce temps Pologne, Moravie, et Trãsilvanie (...) — M. Vrayment i'estime ces propos estre eschapez au Sieur du Bartas plustost par mesgarde, que par malice ou heresie qui soit en son cœur : car peu au precedent il rechante ainsi tout le contraire : « *De ces deux* (Pere et Fils) *proceda leur commune puissance, / Leur esprit, leur amour : non divers en Essence, / Ains divers en personne.* ». Puis donc qu'il ne recognoit diverses Essences és trois persones, il n'en croit, ne adore qu'une simple et indivisible. — D. Ie l'estime avec vous, si docte poëte, et vertueux gentil'homme, que quand il descouvrira tant d'impietez cachees sous les masques des Ministres, et beau langage des livres Calviniques, il les abhorrera de tout son cœur, pour reprendre la saincte et catholique foy des maieurs, en laquelle il a esté regeneré. Mais ce pendant, la lecture des livres heretiques, et le iargon des Predicans, l'ont fait choper à ceste pierre. Et voila la recompense de la legereté et trop grande facilité françoise, sans y penser à mal devenir Arriens et Trinitaires, par les sifflemens de ie ne sçay quels pipeurs et disans Ministres de la loy, sans entendre les choses qu'ils disent, ne desquelles ils afferment. ».

ration religieuse, jugeait les sujets bibliques supérieurs à tous autres[18]. C'est résolument de David et de Salomon qu'il se réclamait, et non d'Orphée. N'avouait-il pas au début des « Trophées » :

> « Dieu, puis que ie ne puis aspirer aux Tiares,
> Trainer après mõ char tant de peuples barbares
> Et, comme ton David, de trophees sanglans
> Honorer les rameaux de mes pouces tremblans :
> He ! donne-moi ses vers, fais-moi present, ô Sire,
> Non des nerfs de son arc, ains des nerfs de sa lyre.
> Baille-moi, non sa lance, ains son luth doux-sonneur,
> Pour chanter dignement ta gloire et son honneur.
> David seul peut chanter de David la louange,
> Et son los est au ciel le vray suiet d'un Ange,
> En terre d'un David, que d'amour enflammé,
> Tu as pour te vanter, en Ange transformé. »[19]

Etre le David de son temps, telle était l'ambition de Du Bartas.

L'épanouissement d'une poésie religieuse allait de pair dans son esprit avec une reconnaissance des pouvoirs de la science. Disciple des anciens, de Platon, de Pline, de Lucrèce, mais aussi admirateur de Peletier du Mans, de Scève, et surtout de Ronsard, le poète de La Création du Monde a été convaincu de la valeur de la science. Certes, il n'était pas lui-même un savant. On chercherait en pure perte chez lui la curiosité d'un Vinci. A.M. Schmidt pense même qu'il se bornait à enregistrer[20] sans distinction tout ce qu'il lisait... Les sciences de son temps, les découvertes, le vocabulaire scientifique qui s'étoffait ont eu pour lui de faibles attraits[21]. En somme, il préférait s'adonner davantage à l'encyclopédisme qu'à la science et suivre les leçons du Moyen Age. Le commentaire de Goulart, qui a pour fonction de révéler « les thresors de science divine et

---

18. O.C. : pp. 369-371, Seconde Semaine, Troisième Jour, Seconde Partie, Les Pères, vers 395-462 ; F. Castan : « The realm of imaginary in Du Bellay, Ronsard, Du Bartas and La Ceppède », YFS, 47, 1972, pp. 110-123.

19. O.C. : pp. 435-436 : Seconde Semaine, Quatrième Jour, Première Partie, Les Trophées, vers 15-26.

20. A.M. Schmidt : La Poésie scientifique en France au seizième siècle, Paris, A. Michel, 1938, 379 p. ; cháp. V, pp. 247-316 : « G. de Salluste du Bartas et ses émules : J. E. Du Monin, R. Bretonnayau, J. Du Chesne, A. D'Aubigné, C. de Gamon », p. 249 et 258.

21. G. Pellissier : La Vie et les œuvres de Du Bartas, éd. citée, pp. 183-184 ; A. E. Creore : « The Scientific and technical vocabulary of Du Bartas », BHR, tome XXI, 1959, pp. 131-160.

humaine »[22] inclus dans *La Sepmaine*, contient les explications communes et banales de l'époque. Le zèle du commentateur ne suffisait pas à moderniser le savoir médiéval du poète. Il était donc prévisible que la science étalée avec complaisance dans l'œuvre majeure de l'écrivain serait contestée, voire ridiculisée, car en ne vérifiant pas ce qu'il lisait, Du Bartas s'exposait aux critiques d'un C. de Gamon et aux quolibets de lecteurs cultivés. Sa position n'était pas paradoxale dans la mesure où il se préoccupait d'une explication globale de l'univers plus que de la justification partielle des faits. Du Bartas est un des derniers hommes à ressentir et à affirmer qu'il possède un savoir universel. Sa production entière porte la trace de cette conviction qui affleure sans cesse, notamment dans « *Les Colomnes* »[23] où il glorifie les piliers de la connaissance que sont l'arithmétique, la géométrie, l'astronomie et la musique. Il est également significatif, qu'au lieu de Pythagore ou d'Hermès Trismégiste, il choisisse pour « maître » et modèle, Salomon. Dans « *La Magnificence* », Salomon, paré de toutes les vertus, est présenté comme un sage possédant une connaissance illimitée[24] du monde sublunaire dont il peut expliquer tous les mécanismes. Ce que sait Salomon découle du fameux programme humaniste que Gargantua propose à Pantagruel et de l'enthousiasme ronsardien envers les sciences. Seulement chez Du Bartas, plus que dans les œuvres de ses devanciers, la science porte le sceau de la religion. Là encore il se situait à contre-courant de son époque en rétablissant la primauté de Dieu. La nouveauté vient de ce qu'il a pris Dieu au sérieux et le récit de *La Genèse* au pied de la lettre. L'insistance avec laquelle il a exposé ses connaissances, en particulier celles touchant à la Cabale[25], a accru son prestige auprès des doctes qui, depuis lors, n'ont cessé de le célébrer et de le considérer comme un des leurs. Ce n'est pas un hasard si Miles de Norry ou Du Monin[26] ont imité, voire plagié *La Sepmaine*, en désirant, à l'exemple de leur modèle, devenir les doctes auteurs d'une encyclopédie versifiée.

22. *Les Oeuvres Poetiques de Du Bartas*, édition citée de J. Choüet, 1608, « Au Lecteur Salut », p. 5 verso ; J. Dagens : « Du Bartas humaniste et encyclopédiste dévot », *CAIEF*, 1958, n° 10, pp. 9-24.
23. *O.C.* : pp. 304-323 : *Seconde Semaine, Second Jour, Quatrième Partie, Les Colomnes*.
24. *O.C.* : pp. 472-474 : *Seconde Semaine, Quatrième Jour, Seconde Partie, La Magnificence*, vers 329-420.
25. *O.C.* : p. 277 : *Seconde Semaine, Second Jour, Seconde Partie, Babylone*, vers 345-370.
26. Miles de Norry : *Les Quatre premiers livres de l'univers*, Paris, G. Beys, 1583 ; J.E. Du Monin a traduit *La Sepmaine : Beresithias, sive Mundi creatio*, Paris, J. Parant, 1579, et dans son « *Hymne de la Musique* », *Les Nouvelles Oeuvres*, Paris, J. Parant, s.d., il s'en est souvenu.

Le rayonnement de *La Sepmaine*, comme sa réussite auprès des éditeurs, a été remarquable et durable, mais il n'est pas facile d'en analyser les causes. Tout au plus peut-on noter qu'en France et à l'étranger *La Création du Monde* a intéressé lettrés, théologiens, poètes et philosophes. Marcel Raymond a montré combien l'auteur de « *L'Uranie* » fut adulé par nombre de ses compatriotes[27]. Joseph Du Chesne terminait ainsi un sonnet liminaire de l'édition de 1578 :

> « Voilà pourquoi, chantant le travail journalier
> Du grand, inimitable, incomparable ouvrier,
> Ton chant est tout divin, et ta Muse hautaine
>
> Foule l'orgueil mutin de l'Envie et du Tans,
> Et acquiert, mon Salluste, avec une Semaine,
> A ton durable nom, mille centaine d'ans. »[28]

En termes analogues, H. Estienne, F. Morel, S. Certon[29].... ont eux aussi loué *La Sepmaine* et son auteur, que Del Bene, futur évêque d'Albi, s'empressait de défendre contre la haine des athées[30]. Les traductions latines de Du Monin et Gabriel de Lerm[31] ont accru la renommée du poème bartasien d'autant qu'au XVIe siècle le latin restait la langue commune des érudits, penseurs, poètes et gens cultivés de toutes les nations européennes. Une preuve

27. M. Raymond : *op. cit.*, tome II, pp. 294-310.

28. *La Sepmaine ou Creation du monde*, Paris, J. Fevrier, 1578, 224 p., sonnet liminaire de J. Du Chesne, sieur de la Violette, vers 9-14.

29. Les pièces liminaires d'H. Estienne, F. Morel, C. de Thouart paraissent pour la première fois dans l'édition de *La Seconde Sepmaine (...)*, Paris, à l'Olivier de P. L'Huillier, 1584, in-4°, 102 ff. Le poème de S. Certon C.H. « A Monsieur Du Bartas, sur sa Sepmaine » se trouve dans l'édition de *La Sepmaine* parue chez J. Choüet, Genève, 1603, pp. 686-690, p. 686 : « Quel esprit tout nouveau domine ce prophete ? / Quelle estoille conduit ce divin interprete / Par ces nouveaux sentiers ? Qui le ravit aux cieux (...) / Prophete bien-heureux, que le grand Tout-domine, / Grand ouvrier, grand moteur de la grande machine, / A seul voulu, choisi, destiné, appelé, / Pour dignement chanter son palais estoillé, / Sa terre iette-fruicts, sa mer cache-baleines, / Son air serre-nuee, et ses vents souffle-plaines : / Et bref pour eslever sur ton sage discours / L'ouvrage sans travail du travail des sept iours ! ».

30. *La Seconde Sepmaine*, éd. de 1584, A. Del Bene s'adressait « Au Livre de l'Enfance du Monde de Monsieur du Bartas », en ces termes, vers 7-14 : « Je seray ton parrain contre tous les hayneux, / A ton père premier, de son premier compère, / Nay Chrestien, de Chrestien, d'un beau nom baptisé, / Si d'un athée encor, ah ! tu es mesprisé. / Qui n'a peü estouffer du premier la naissance, / S'il est jeune il se monstre aux sciences enfant ; / Si c'est un vieux resveur, voulant mordre sans dent, / En enfance il revient, dédaignant ton enfance. »

31. Supra notes 2 et 26.

supplémentaire de cet accueil exceptionnel apparaît dans les commentaires et imitations multiples du poème. Significatif est le comportement de P. Thévenin, qui dans son étude de *« L'Hynne de la Philosophie »* de Ronsard n'a cessé de vanter les beautés et la profonde sagesse de la « divine Semaine »[32]. Si Claude Duret s'est contenté d'analyser « L'Eden ou Paradis Terrestre de la Seconde Semaine », il a lu de près l'ensemble du poème cosmologique auquel il a emprunté maints développements[33]. Mais ce sont bien sûr les commentaires précis et fouillés de P. Thévenin et S. Goulart qui demeurent les plus précieux pour la compréhension des énigmes érudites, des métaphores et des systèmes explicatifs de Du Bartas[34]. Goulart, qui enrichissait ses annotations au fil des éditions, a largement contribué à entretenir l'image du « docte »poète, chère aux imitateurs et successeurs de Du Bartas qui voulurent s'illustrer, eux aussi, dans la poésie scientifique.

Miles de Norry, dans ses *Quatre premiers livres de l'univers* de 1583, Guillaume de Chevalier, dans son livre *Le Decez, ou Fin du Monde* de 1584, et Joseph Du Chesne, dans son *Grand miroir du monde* de 1587[35], ont réécrit *La Sepmaine...* En revanche, après

32. P. Thévenin : *L'Hymne de la Philosophie de P. de Ronsard, auquel, outre l'Artifice Rhetorique et Dialectique Françoys, est sommairement traicté de toutes les parties de Philosophie : icelles illustrées d'infinies sentences, passages et histoires : et y rapportez à tout propos les lieux les plus insignes de la divine Semaine de Sieur du Bartas,* Paris, J. Feburier, 1582, in-4°, 129 p., p. 13 : « G. de S. sieur du Bartas (vray Empedocle et Lucrece François) en la première iournee de sa divine Sepmaine, discourt divinement bien sur ce qu'il a tiré de sainct Ambroise... », p. 44 : « Mais le divin du Bartas descrit divinement bien ce defaut de clarté et de la Lune et du Soleil, et les confere par un gentil artifice, ... ».
33. C. Duret : *L'Eden ou Paradis Terrestre de la Seconde Semaine de G. De Saluste Seigneur Du Bartas. Avec Commentaires et Annotations, contenans plusieurs descriptions et deductions d'Arbres, Arbustes, Plantes et Herbes, estranges et esmerveillables en nature, tirees et extraictes des œuvres des anciens et modernes Philosophes, Historiens, voyageurs, et navigateurs Hebreux, Grecs, Arabes, Portugais, Espagnols, Italiens, et François,* Lyon, B. Rigaud, 1594, en particulier pp. 15 recto-69 verso ; F. Secret : « La Kabbale chez Du Bartas », *SF* 1959, n° 7, pp. 1-11, a montré combien Duret a emprunté à Du Bartas et à Blaise de Vigenère pour son *Thresor de l'histoire des langues de cest univers (...),* Yverdon, impri. de la Société Helvetiale Caldoresque, 2ᵉ édition, 1619, 1030 p. ; chap. XXXV, p. 302, il citait Du Bartas, « un des plus sçavant de nos poetes François ».
34. Supra note 8 : *Premier (— Septieme) Jour de la Sepmaine, de G. de S., seigneur Du Bartas (...) illustré de commentaires de P. Thévenin,* Paris, imprimerie de D. Cotinet, 1584, 732 p.
35. M. de Norry : *op. cit. ;* G. de Chevalier : *Le Decez, ou Fin du Monde,* Paris, R. Fizelier, 1584, p. 1 verso il observait « Le suiet est grand et semble desirer un plus long Volume veu qu'à la dissolution du Monde ny a pas moins de matiere pour discourir qu'a sa Creation » ; J. Du Chesne : *Le Grand miroir du monde,* Lyon, B. Honorat, 1587 ; une deuxième édition en 1593 paraît à Lyon, E. Vignon, avec un commentaire de Goulart.

1590, les imitateurs font preuve d'une plus grande indépendance ; Quillian, dans sa *Dernière Semaine*, n'a mentionné Du Bartas que discrètement pour rappeler les difficultés poétiques que le poète gascon n'avait pas pu vaincre[36]. Néanmoins, Quillian est redevable à Du Bartas de nombreuses images. En 1599, C. de Gamon osait publier une *Semaine* contre celle de Du Bartas. Il reviendra au neveu de ce dernier, Jean d'Escorbiac de répondre aux attaques de « Gamon nouveau guenon abusant de la Muse »[37]. C'est véritablement un genre littéraire que *La Sepmaine* a promu en France de 1580 à 1600. Du Monin, Nuysement et tant d'autres, plus obscurs, ont à l'instar de Du Bartas composé des ouvrages aux prétentions philosophiques et mystiques. *La Sepmaine* a cristallisé ce que ces nouveaux poètes ressentaient sans pouvoir le définir clairement ; après sa parution, ils ont compris que l'heure d'une poésie philosophique était arrivée et qu'ils devaient aider à son épanouissement. Mais qu'on ne s'y trompe pas, il ne s'agissait là que d'une tendance dont la vogue fut de courte durée. La nouvelle traduction latine de Samuel Benoit en 1609 ne doit pas faire illusion[38] : en 1610, le règne de Du Bartas et de la poésie scientifique semble révolu.

A l'étranger, dans les pays limitrophes de la France, *La Sepmaine* a été appréciée ainsi que l'attestent traductions et commentaires. En Italie, la traduction de Ferrante Guisone a séduit le public et G. Murtola, en 1608, dans son poème *De la Création du Monde*, renouait avec l'inspiration de *La Sepmaine* et du *Monde Créé* du Tasse[39]. En Espagne, A. de Acevedo, auteur d'une *Création du Monde*, avait également lu Du Bartas qu'il ne nommait pas cependant dans son « Avis au Lecteur »[40]. Dans les pays du Nord, le rôle de *La Sepmaine* s'est avéré encore plus déterminant. De 1609 à 1622, les écrivains hollandais comme Opdorp, Boetselaer, Heijnz et Vondel ont traduit, qui *La Première Sepmaine*, qui des

---

36. M. Quillian : *La Dernière semaine, ou Consommation du monde*, Paris, F. Huby, 1596, p. V recto : « Advertissement au Lecteur ».

37. C. de Gamon : *La Semaine, ou Creation du monde contre celle du sieur Du Bartas*, Genève, G. Petit, 1599 ; J. d'Escorbiac : *La Christiade, ou Poeme sacré contenant l'histoire saincte du Prince de la vie*, Paris, P. Coderc, 1613, p. 23.

38. *Domini Guillelmi Salustii Bartasii, Poetarum nostri seculi facilè Principis, Hebdomas II*, Lyon, B. Vincent, 1609.

39. F. Guisone : *La Divina Settimana ; Cioè, I sette Giorni della creatione del mondo*, Venise, G.B. Ciotti, 1593 ; G. Murtola : *Della Creatione del mondo, poema sacro*, Venise, appresso E. Deuchino et G.B. Pulciani, 1608 ; T. Tasso : *Il Mondo creato*, Florence, F. Le Monnier, 1951 (première édition : *Le Sette giornate del mondo creato*, Milan, G. Bordoni et P.M. Locarni, 1608).

40. A. de Acevedo (Azevedo) : *Creación del mundo*, Rome, J.P. Propilio, 1615, p. III recto.

jours de la seconde[41]. Enfin, en Angleterre où Lee et Ashton ont étudié le problème avec soin, le prestige de l'œuvre bartasienne a été immense[42]. Si la traduction préparée par Sir Ph. Sidney n'a jamais été retrouvée, on en possède de nombreuses autres, élaborées par J. Sylvester, T. Winter, W. L'Isle[43]. Le roi Jacques 1er, successeur de la reine Elisabeth, prit lui aussi plaisir à traduire « L'Uranie », « Les Furies » et deux autres passages tirés des Sepmaines. En 1620, c'est toute la production de Du Bartas qui est publiée dans l'excellente version de J. Sylvester[44]. Parallèlement, le commentaire de Goulart est soigneusement analysé et traduit par T. Lodge, lequel dans son « Avis au Lecteur » prétendait que « Du Bartas est aussi plaisant que n'importe quel auteur Grec, Latin ou Français (...) ». Il lui attribuait le premier rang des écrivains chez les anciens comme chez les modernes, qui aient jamais mêlé l'utile à l'agréable[45]. Relever dans cette succincte liste tous les auteurs qui en Europe, et spécialement en Angleterre, sont redevables à Du Bartas est ici hors de propos, mais il n'est pas indifférent de constater que des écrivains peu connus, comme Fletcher, ou immortels, comme Milton, ont lu La Sepmaine[46].

41. A. Beekman : *Influence de Du Bartas sur la littérature néerlandaise*, Poitiers, F. Masson, 1912, chap. III, pp. 70-133 : « Les traductions des *Semaines* ».

42. H. Ashton : *Du Bartas en Angleterre*, Paris, Larose, 1908 ; S. Lee : *The French Renaissance in England, an account of the literary relations of England and France in the sixteenth century*, Oxford, Clarendon Press, 1910 ; Prescott (A.L.) : « The reception of Du Bartas in England », *Studies in the Renaissance*, XV, 1968, pp. 144-173.

43. L'ordre des parutions est le suivant : 1595 : J. Sylvester (*Ie Semaine*) ; 1598 : J. Sylvester (*IIe Semaine*) ; 1595 : W. L'Isle (*Babylone*) ; 1598 : W. L'Isle (*Les Colonies*) ; 1603 : T. Winter (*IIe Jour* de la *Première Semaine*) ; 1604 : T. Winter (*IIIe Jour* de la *Première Semaine*) ; 1620 : J. Sylvester (*Oeuvres Complètes de Du Bartas*).

44. *Du Bartas his divine weekes and workes with a compleate collectio of all other most delight-full workes, translated and written by Yt famous Philomusus i. Sylvester gent : (and T. Hudson)*, Londres, R. Yong, 1641 (1620).

45. *Learned Summary upon the famous Poeme of William of Saluste Lord of Bartas. Wherein are discovered all the excellent secretts in Metaphysicall, Physicall, Morall, and Historicall knowledge. Fitt for the learned to refresh their memories, and for younger students to abreviat and further their studies wherein nature is discovered, art disclosed, and history layd open*, Londres, 1621, pp. A 3 recto - A 5 verso : « To the Reader Health », p. A 4 verso.

46. *The Poetical Works of Giles Fletcher and Phineas Fletcher*, Cambridge, University Press, 1908-1909 ; P. Fletcher, tome II, p. 14 : « And that French Muses eagle eys and wing / Hath soar'd to heav'n, and there hath learn'd the art / To frame Angelick strains, and canzons sing / Too high and deep for every shallow heart. / Ah blessed soul ! in those celestiall rayes, / Which gave thee light these lower works to blaze, / Thou sitt'st emparadis'd, and chaunt'st eternall layes. » . T. Campion, J. Marston, M. Drayton respectivement dans leur ouvrage

Quand on considère l'ampleur du crédit accordé à l'œuvre du docte Gascon, l'admiration qu'elle a suscitée pour la poésie philosophique, tant en France qu'à l'étranger, on prend conscience du phénomène littéraire qui s'est produit entre 1580 et 1620. *La Sepmaine*, parce qu'elle correspond à un moment de la conscience européenne, nous fait côtoyer quelques-unes des préoccupations majeures des intellectuels de la fin du XVIe siècle.

Œuvre polysème aux aspects religieux, scientifiques et poétiques variés, *La Sepmaine* incitait le lecteur à la réflexion. A la fois somme théologique, encyclopédie, œuvre engagée justifiant l'attitude des huguenots et correspondant à certains traits de l'esthétique baroque, ce poème avait pour mission d'agir sur les consciences. Le choix du sujet, pour traditionnel qu'il soit, a favorisé l'écho rencontré par l'œuvre. Il en résulte que Du Bartas, en s'intéressant davantage à Dieu qu'à l'homme s'est coupé des courants de la Pléiade où l'homme, et la nature étaient, en règle générale, les objets privilégiés de la réflexion comme de la poésie. C'est aussi parce qu'il suivait la tradition cosmologique de Ptolémée et qu'il rejetait le système copernicien que le « divin Du Bartas » s'est opposé aux tenants du modernisme et de la raison. Il y a une tonalité nostalgique dans cette œuvre où le poète s'efforce de maintenir avec une énergie farouche une conception du monde qui est en train de s'effondrer. Par là, *La Sepmaine* est l'une des ultimes manifestations, d'aucuns diront l'ultime déboire, d'une certaine conception du cosmos. Les catholiques ont fait preuve de modération en la jugeant parce qu'ils devinaient le parti qu'ils pouvaient en tirer. Le poème de Du Bartas était une sorte de rempart contre le modernisme, d'autant plus précieux et efficace que, par son style aux allures baroques, *La Sepmaine* était écrite dans le goût du jour et presque dans l'esprit de la Contre-Réforme[47].

La renommée de *La Sepmaine*, imputable à de nombreuses causes, reste difficile à expliquer. Certes, il y avait des raisons poétiques à son succès, mais elles étaient si rarement exposées que le « choc » produit par cette œuvre demeure énigmatique. Il semble toutefois que les hommes du XVIe siècle aient été davantage sensibles aux problèmes et questions contenus dans le poème qu'à leur formulation. C'est ainsi que la limitation du cosmos dans l'ordre de

---

Observations in the Art of English Poesie, Reactio et *Moyses in a Map of Miracles* louaient Du Bartas. Quant à Milton il a fréquenté la maison des Sylvester. De son côté, Anne Bradstreet avait lu avec attention les œuvres de Du Bartas, témoin son poème « *In Honour of Du Bartas, 1641* » *(The Works of A. Bradstreet*, Cambridge, Havard Uni. Press, 1967, pp. 192-194).

47. L. Keller : *Palingène. Ronsard. Du Bartas. Trois études sur la poésie cosmologique de la Renaissance*, Lausanne, F. Berne, 1974, pp. 125-126.

la durée, telle que Du Bartas la concevait, a relancé les discussions d'école sur l'origine du monde. Du Bartas ne cherchait pourtant pas à inquiéter les consciences. Au contraire, il voulait les rassurer en défendant avec brio une image du monde menacée. Alors que les poètes de la Pléiade étaient prêts à souscrire à un naturalisme limitant les pouvoirs de la divinité, Du Bartas s'ingéniait à mettre en lumière le rôle de Dieu. Il n'innovait pas, mais le climat historique et social l'a fait bénéficier d'une auréole de gloire et de créateur, peut-être injustifiée aux yeux de l'homme d'aujourd'hui. *La Sepmaine* n'était pas un exercice d'école, mais un traité chargé de ramener à une perspective religieuse les âmes égarées. Par la peinture prodigieuse du cosmos, c'est Dieu qui est glorifié et le lecteur, quant à lui, est charmé par le fabuleux spectacle de la naissance du monde. En ce sens, il y a de l'apologiste chez Du Bartas et l'on est en droit de se demander si les domaines de sa réflexion, de sa poésie et de son imagination se confondent dans les séductions de l'art ou s'ils restent séparés et conservent des mécanismes autonomes ?

Chapitre II

LE PROJET DE DU BARTAS

La plupart des poètes de la Renaissance ont proclamé, qui dans un avis au lecteur, qui dans une préface, leurs intentions, et défini leur ambition, leur dessein. Eux qui concevaient la poésie comme un don de Dieu[1] ou comme le résultat de la fureur apollinienne, envisageaient cependant avec lucidité leur entreprise. Quoi qu'ils aient prétendu, si la fureur les transportait, elle ne leur faisait pas oublier l'idée de l'œuvre à accomplir. Du Bartas, dès ses premiers essais littéraires, savait ce qu'il voulait et précisait à la fois ce que représentaient pour lui poésie et fonction du poète. Ses réflexions permettent de mieux comprendre le choix du sujet de *La Sepmaine* et offrent un champ d'analyse intéressant pour l'étude de la vision poétique du cosmos, puisque toutes les notations, images et développements cosmologiques contenus dans *La Création du Monde* découlent d'un projet. Il serait toutefois exagéré d'affirmer que l'ensemble de la production bartasienne résulte d'une intention unique.

S'il fut attiré par la poésie profane au début de sa carrière et pendant sa jeunesse, Du Bartas a rapidement été amené à renoncer à son désir d'« orner la Grecque Scene / D'un vestemēt Frāçois » et de suivre « le fils volage / De la molle Cypris, et le mal doux-amer / Que les plus beaux esprits souffrent pour trop aimer »[2]. Il condamnait dans « *L'Uranie, ou Muse Celeste* » en même temps que ses premières ébauches littéraires la voie des « profanes escrivains »[3], tout en célébrant la puissance du poète qui « va si bien disant dans nos cœurs ses passions gravant, / Que presque l'auditeur en l'auteur

---

1. *O.C.* : pp. 629-630 : « *L'Uranie, ou Muse Celeste* », vers 85-86 : « Tout art s'apprend par art : la seule Poesie / Est un pur don celeste... » ; vers 117-120 : « D'autāt q̄ tout ainsi que la fureur humaine / Rend l'homme moins qu'humain : la divine fureur / Rend l'hōme plus grand qu'hōme : et d'une saincte erreur / Sur le ciel porte-feux à sō gré le promeine ».
2. *O.C.* : p. 628 : « *L'Uranie, ou Muse Celeste* », vers 13-14 et 25-27.
3. *O.C.* : p. 632 : « *L'Uranie, ou Muse Celeste* », vers 169.

se transforme »[4]. La suppression de ces aveux, dans la version définitive de « *L'Uranie* », est une preuve supplémentaire du fait qu'il désirait laisser de lui-même à la postérité l'image d'un poète religieux. Admettre qu'il avait été tenté par la poésie païenne, ne fût-ce qu'au temps de sa jeunesse, nuisait à la légende qui l'entourait. Dès « *L'Uranie* », il était donc décidé à promouvoir une poésie savante et religieuse, et ce n'est pas une coïncidence si ce poème est un véritable manifeste, annonçant l'esprit de *La Sepmaine* :

> « Vous qui tât desirez vos fróts de laurier ceïdre,
> Où pourriez-vous trouver un chãp plus spacieux,
> Que le los de celui qui tient le frein des cieux,
> Qui fait trêbler les monts, qui fait l'Erebe craindre ?
>
> Ce suiet est de vray la corne d'abondãce,
> C'est un grand magazin riche en discours facõds,
> C'est un grand Ocean, qui n'a rive ni fonds,
> Un surion immortel de divine eloquence »[5].

Le poète, fasciné par les possibilités que lui offre la peinture de Dieu et de ses œuvres, en optant pour la poésie sacrée a l'impression de renouveler la thématique poétique alors au goût du jour. Aussi est-il naturel que les œuvres de David, Salomon, Moïse et Isaïe, deviennent ses modèles et que le parallèle entre le Temple et le Livre de Salomon[6] puisse servir de fondement à l'identification de *La Sepmaine* à un palais[7] dans lequel Du Bartas, à l'image du sage roi d'Israël, a inscrit un message, une prophétie, un dessein que les hommes, les lecteurs, ont à déchiffrer et à appliquer.

Les poètes, parce qu'ils sont « secretaires / Et ministres sacrez du Roy de l'univers »[8], ont pour mission de glorifier Dieu. L'activité poétique est, pour Du Bartas et certains de ses imitateurs, liée de façon indissoluble à la foi. A l'encontre de ses contemporains. membres ou héritiers de la Pléiade, qui prétendaient sous l'influence du néo-platonisme détenir les clés des mystères et posséder le don

---

4. *O.C.* : p. 631 : « *L'Uranie, ou Muse Celeste* », vers 155-156.
5. *O.C.* : p. 633 : « *L'Uranie, ou Muse Celeste* », vers 213-220.
6. *O.C.* : pp. 488-490 : *Seconde Semaine, Quatrième Jour, Seconde Partie, La Magnificence*, vers 991-1078 : le Temple ; vers 1078-1100 : Le Livre de la Sagesse.
7. *Les Œuvres Poetiques de G. de S. Sieur Du Bartas*, éd. citée de J. Chöuet, 1608, « Advertissement de G. de Saluste Sieur Du Bartas, sur sa premiere et seconde Sepmaine », p. 3 recto.
8. *O.C.* : p. 632 : « *L'Uranie, ou Muse Celeste* », vers 181-182.

de prophétie, il assurait avec force que seul le poète chrétien était prophète ou susceptible de le devenir par l'effet de la grâce divine. Une telle certitude l'a poussé au début de tout chant à invoquer l'aide de Dieu dont il reconnaissait la puissance. Que ce soit à l'ouverture du Livre Premier de *La Judith* :

> « Toy, qui pour garentir ton Isac de la rage
> Du peuple incirconcis, aceras le courage
> De la foible Iudith, d'une masle vigueur :
> D'un trãsport tout sacré fai moi grossir le cœur.
> Des rais de ton Esprit mon esprit illumine,
> Donne-moi de traiter matiere si divine
> D'un style non humain : afin que le lecteur
> En reçoive profit, toy los, ioye l'autheur[9] »

ou au commencement de chaque jour de *La Première Sepmaine*[10], il implore le secours divin. Davantage que l'exploitation répétée d'un cliché, il s'agit d'une prière conduisant l'auteur à se sentir l'« organe » du Seigneur[11] et à utiliser le « luth doux-sonneur » de David[12] plutôt que le « luth doré du bien sonant Phoebus »[13]. On constate que la fonction du poète, telle que Du Bartas la concevait, a été déterminante dans le choix du sujet de *La Sepmaine*, car elle découlait d'exigences personnelles et métaphysiques tout autant que de paradoxes. Paradoxe de l'homme qui n'a rien fait pour qu'on parle de lui, mais dont tout le monde à son époque a vanté les mérites. Paradoxe d'une vision qui était celle d'un individualiste, mais qui a donné à voir l'ensemble de la création. Paradoxe enfin d'une œuvre qui se situait en avant de son temps, en avant de nous, dans l'éternité, et qui cependant est presque entièrement tournée vers le passé.

9. *O.C.* : p. 558 : *La Judith, Livre Premier*, vers 5-12.
10. *O.C.* : pp. 11-12 : *Première Semaine, Premier Jour*, vers 1-12 ; p. 32 : *Première Semaine, Second Jour*, vers 31-40 ; p. 62 : *Première Semaine, Troisième Jour*, vers 11-20 ; pp. 87-88 : *Première Semaine, Quatrième Jour*, vers 1-30 ; pp. 108-109 : *Première Semaine, Cinquième Jour*, vers 1-24 ; p. 136 : *Première Semaine, Sixième Jour*, vers 1-22 ; pp. 164-165 : *Première Semaine, Septième Jour*, vers 1-54. Il continue à invoquer Dieu au début des chants de la *Seconde Semaine*.
11. *O.C.* : p. 216 : *Seconde Semaine, Premier Jour, Seconde Partie, Les Furies*, vers 15.
12. *O.C.* : p. 435 : *Seconde Semaine, Quatrième Jour, Première Partie, Les Trophées*, vers 21.
13. D. Oriet : *La Suzanne*, Paris, Denys Du Val, 1581, p. 2, vers 36-38 : Du Bartas « a le luth doré du bien sonant Phoebus, / Qui le fait haut guinder sur l'aile de mémoire / Pour laisser aus neveus son eternelle gloire ».

Les sources de *La Sepmaine*, multiples et précises, comme le remarquaient les lecteurs cultivés des années 1580, montrent bien en effet le manque d'originalité du projet bartasien. Les poèmes inspirés par *La Genèse*, au Moyen Age et à la Renaissance, fourmillent[14]. Goulart signalait les emprunts faits à *La Genèse* mais aussi renvoyait aux œuvres de saint Augustin[15], tandis que Colletet insistait sur un poème de G. Pisidès que « Du Bartas (qui n'ignorait pas les poëtes latins ny les grecs) imita en tout et par tout, hormis en ses Frontispices et en ses Invocations, et en ses episodes, qui se sentent de la force de son génie et qui sont purement de luy »[16]. Quant à P. Thévenin, il renvoyait notamment à saint Ambroise[17]. De son côté, Du Bartas, qui n'a pas pris la peine d'indiquer ses sources dans son « Advertissement (...) sur sa premiere et seconde Sepmaine », soulignait la « si grande nouveauté du sujet poetique »[18] qu'il avait traité. Son jugement est en partie fondé, car si saint Basile, saint Ambroise, Pisidès et *La Genèse* l'ont incontestablement inspiré, il est le premier à conférer au sujet une ampleur peu commune. Il est d'ailleurs significatif que le « divin Bartas » entende rivaliser avec *L'Iliade, L'Odyssée* et *La Franciade*, plus qu'avec les hexaméra de l'Antiquité[19]. « Autodidacte de génie »[20], lecteur assidu des anciens et des modernes, le poète de *La Sepmaine* a été fort peu objectif en déclarant, non sans vanité, être « le premier de la France qui (...) ai traité en nostre langue des choses sacrées »[21]. Il semble bien qu'il ait éliminé consciemment et par trop injustement la tradition médiévale, Pétrarque, Ronsard et Du Bellay[22]. Néanmoins le « Songe » sur lequel s'achève

14. M. Thibaut de Maisières : *Les Poèmes inspirés du début de la Genèse à l'époque de la Renaissance*, Louvain, Uystpruyst, 1931, pp. 5-40 : « Recherches des sources communes » et pp. 41-148 : « Examen des dépendances naturelles ».
15. *Les Œuvres Poétiques (...) de Du Bartas*, éd. citée de J. Choüet, 1608, pp. 10 verso-12 recto : « Argument des Deux Sepmaines du Sieur Du Bartas », p. 11 recto.
16. G. Colletet : *Vies des poètes gascons*, éd. citée, p. 73.
17. P. Thévenin : *L'Hymne de la Philosophie de P. de Ronsard (...)*, éd. citée, p. 13.
18. *Les Œuvres Poétiques (...) de Du Bartas*, éd. citée de J. Choüet, 1608, p. 3 verso.
19. *Guillelmi Sallustii Bartassii Hebdomas, opus gallicum a Gabriele Lermeo Volca*, éd. citée, p. 9 verso : « Sonnet du Sieur du Bartas », vers 9-14 : « Bienheureuse Sepmaine alors que seulement / Tu portois mal-a couche un Gaulois vestement, / Tu marchois mille pas apres la Franciade. / Mais si tost que du Lerm l'artifice t'orna / D'un habit estranger, ta gloire talonna / La Romaine Aeneide, et la grecque Iliade ».
20. M. Raymond : *op. cit.*, tome II, p. 283.
21. *La Iudith*, Bloys, Barthelemy Gomet, 1579, pp. 7-9 : « Advertissement aux Lecteurs », p. 7.
22. M. Thibaut de Maisières : *op. cit.*, pp. 7-12 : « Les *Créations* au

« *Babylone* » fait figurer les nombreux écrivains auxquels le poète est redevable[23]. C'est dans les leçons de leurs œuvres et au contact de leurs exemples que son projet a pris corps et s'est affiné. De la fréquentation des anciens comme des modernes, Du Bartas a tiré une idée à la fois simple et géniale : décrire la création du monde. En 1578, c'était là un sujet que personne n'avait vraiment exploité, même s'il avait été mis en œuvre depuis plusieurs siècles dans les écrits théologiques et les livres d'images qui, des mosaïques de Monreale à la Tapisserie de Gérone, du cycle de Ferentillo à celui de Saint-Savin, reproduisaient les étapes de la Création. L'originalité du poète gascon résidait dans le vœu téméraire de faire de *La Sepmaine*, par sa dimension et sa qualité, une œuvre à part, un triomphe *ad majorem dei gloriam*. Peu importe qu'il ait pour les six premiers jours imité saint Basile et pour le septième saint Ambroise[24], tant il y a eu dans cette imitation une création personnelle que G. de Lerm défendait ainsi :

« Et quand l'invètion ne seroit toute a luy, et qu'il auroit eu quelque autre pour patron, ce qu'il n'a pas eu, l'ordre et l'èbellissement maintiendroiët l'ouvrage (...) De maintes pierres qui estoient çà et là esparses et de celles qu'il a tiré luy mesme de la quarriere, Saluste a basty cest immortel edifice qui depitât l'envie du temps sera egal à la duree du monde dont il represente l'effigie »[25].

Bien que guidé par la Bible, la littérature et les arts, en particulier la peinture, Du Bartas a été confronté à une matière inouïe. Il est illusoire de tenter la description de la création du monde, du chaos et de la fin de l'univers de manière identique à celle d'un paysage ou d'une aventure. L'imagination ne suffit pas à visualiser l'extraordinaire et il faut toute l'habileté d'un poète voyant pour parvenir à le traduire. Une telle difficulté, inhérente à l'argument de *La Sepmaine*, accroît l'audace de la réalisation bartasienne ainsi que son intérêt. Ce que personne n'osait entreprendre, lui a essayé de le réussir. Présomption ? Orgueil ? Certes, on peut le penser, mais Du Bartas, convaincu que Dieu le soutenait, se sentait capable de mener à bien son labeur et d'en surmonter les difficultés. Comme

moyen-âge », pp. 13-17 : « Les *Hexamérons* de l'antiquité chrétienne » ; H. Weber : *op. cit.*, pp. 135-138 ; *La Iudith*, éd. citée de Bloys, 1579, p. 8 : il a composé *Le Triomphe de la Foy* « ayant Petrarque pour patron ».

23. O.C. : pp. 281-285 : *Seconde Semaine, Second Jour, Seconde Partie, Babylone*, vers 515-686.

24. M. Thibaut de Maisières : *op. cit.*, pp. 26-28.

25. *Guillelmi Sallustii Bartassii Hebdomas, a Gabriele Lermeo Volca*, éd. citée, « A la Royne d'Angleterre », p. 5 verso.

Dante ou comme Ronsard composant *Les Hymnes*, il avait confiance dans le secours divin, était persuadé qu'avec les mots dont il disposait, il triompherait des obstacles. Il y a dans *La Sepmaine*, au même titre que dans *La Divine Comédie*, un pari sur le langage, la conviction que le poète inspiré arrive à tout dire, à tout écrire, à tout représenter, même si la naissance du monde, réalité rebelle et inimaginable, se prête mal à une peinture descriptive.

On sait cependant les violentes attaques dont le style de Du Bartas fut l'objet de la part de Du Perron et des critiques du XVIIe au XXe siècle[26]. Sur ce point, excepté à propos des outrances et métaphores baroques, Du Bartas avait répondu par avance en n'hésitant pas tout au long des *Sepmaines* à signaler ses difficultés, ses manques et ses faiblesses. Lorsqu'il est contraint de trouver une formule pour caractériser son style, il est gêné et ne parvient pas à convaincre[27]. En fait, quand Du Perron s'en prenait à la « disposition » de *La Sepmaine*, qui ne suivait « aucune regle etablie par ceux des anciens qui ont écrit »[28], il lui suffisait de se reporter à l'« Advertissement de G. de Saluste, Sieur du Bartas sur sa première et seconde Sepmaine » pour trouver la justification du titre, de la structure et des formes du style de *La Sepmaine*[29]. Il est clair que dans l'argumentation, au fil des sept Jours, la stabilité formelle et la clarté de l'organisation compensent ce que l'œuvre contient d'indéfinissable, d'incertain. En lisant en outre ce que l'écrivain observait au début de la « *Eden* » et à la fin du poème « *Les Artifices* »[30], il est possible de reconstituer son projet pour compléter une *Première Sepmaine* dont chaque lecteur comprenait aisément la structure. L'éditeur Pierre Choüet précisait d'ailleurs, après l'argument des quatre premiers jours de *La Seconde Sepmaine*, qu'« il nous deffaut pour les trois autres journées, ce qui devoit traiter de l'état des Juifs en Babylone et depuis leur retour jusqu'à la venue de nostre Redempteur Jésus-Christ au monde, en après ce qui devoit monstrer la face de l'Eglise chrestienne et du surplus du monde jusqu'au jour de la dernière résurrection, comme aussi l'estat heureux des enfants de Dieu en la gloire éternelle, pour servir d'une vraye conclusion à une si haute et si louable entreprise, afin de s'arrester par ce moyen

---

26. *Perroniana et Thuana* (...), éd. citée, pp. 37-38.

27. *Les Œuvres Poetiques* (...) *de Du Bartas*, éd. citée de J. Choüet, 1608, p. 3 verso.

28. *Perroniana et Thuana* (...), éd. citée, pp. 37-38.

29. *Les Œuvres Poetiques* (...) *de Du Bartas*, éd. citée de J. Choüet, 1608, pp. 3 recto-7 verso.

30. *O.C.* : p. 178 : *Seconde Semaine, Premier Jour, Première Partie, Eden*, vers 9-12 ; pp. 249-250 : *Seconde Semaine, Premier Jour, Quatrième Partie, Les Artifices*, vers 591-628.

au Sabat des Sabats pour le final repos désiré de tous les bienheureux »[31].

A la fois œuvres structurées, poèmes recherchés et poèmes inachevés, *Les Sepmaines*, bien que difficilement étiquetables possèdent une indéniable unité. Si leur organisation respective est minutieuse, leur style, leur écriture et leurs images n'ont cessé d'être le souci majeur de Du Bartas. Peut-être plus que quiconque vers 1580, il a été amené à rechercher un style spécifique, à forger une écriture aux caractéristiques nouvelles lui permettant de rendre compte de tous les spectacles de l'univers. Écrire sur le ton de *La Genèse* n'aurait eu aucun sens. Du Bartas savait que son sujet élevé, grave, sérieux et grandiose, exigeait « une diction magnifique, une phrase haut-levee, un vers qui marche d'un pas grave et plein de maiesté, non efrené, non lasche, ni effeminé, et qui coule lascivement ainsi qu'un vaudeville, ou une chansonnette amoureuse »[32]. La relation qu'il établissait entre l'argument et son style a une portée générale à laquelle nombre d'écrivains de la Renaissance auraient souscrit, car elle correspondait à l'idéal d'hommes qui, avec la plus entière bonne foi, s'en remettaient aux mots pour façonner une image de la réalité. Du Bartas a fait preuve d'une sensibilité toute moderne en réfléchissant avec autant de passion sur les principes de son écriture. Lui qui illustrait une vision cosmologique conventionnelle, a formulé les règles d'un art exigeant, mettant finalement en liaison « la genèse cosmique » et « la genèse poétique »[33].

Un autre trait important et inattendu de la démarche bartasienne concerne la place qu'il attribuait au lecteur. Soucieux de plaire au public dont il se forge une image peut être discutable, il a souhaité adopter pour ses vers un juste milieu[34] favorisant la qualité picturale du style et des évocations. Doué pour le dessin, Du Bartas, à la manière de Michel-Ange, a conçu la poésie comme une « parlante peinture »[35]. Il est probable que la fréquente comparaison entre le peintre et le poète a été pour lui pleinement justifiée. Grâce

31. *Les Œuvres Poetiques de G. de S., Seigneur Du Bartas*, Genève, P. Choüet, 1632 ; il s'agit d'une note qui suit l'argument des quatre premiers jours de la *Seconde Semaine*.

32. *Les Œuvres Poetiques (...) de Du Bartas*, éd. citée de J. Choüet, 1608, p. 6 recto ; *O.C.* : p. 633 : « *L'Uranie ou Muse Celeste* », vers 221-224.

33. G. Poulet : « Poésie du cercle et de la sphère », *CAIEF*, 1958, n° 10, pp. 44-57, p. 48, repris dans *Les Métamorphoses du cercle*, Paris, 1961, chap. I.

34. *O.C.* : p. 14 : *Première Semaine, Premier Jour*, vers 113-120.

35. G. Pellissier : *op. cit.*, p. 7 ; *Les Œuvres Poetiques (...) de Du Bartas*, éd. citée de J. Choüet, 1608, p. 4 recto.

36. *O.C.* : p. 146 : *Première Semaine, Sixième Jour*, vers 410.

au « pinceau de (ses) vers »[36], Du Bartas a présenté la Création comme un ensemble de tableaux où le peintre est, selon le cas, le poète, ou Dieu[37]. Quant au lecteur, il n'est pas oublié puisque c'est pour le séduire, pour le ravir, pour l'instruire, que le poète, nouveau Salomon, s'efforce de peindre avec des couleurs vives ce qu'il contemple. Toucher l'âme du lecteur, le convaincre de l'infinie beauté du monde, lui prouver que Dieu est partout, afin qu'il songe avec intensité à sa propre faiblesse et à son salut, tel était le but poursuivi par Du Bartas. Dans « L'Uranie », il affirmait que « le sage escrivain n'esloigne dans ses vers / Le sçavoir du plaisir, le ieu de la doctrine »[38], car il reconnaissait, règle de tous les temps, qu'instruire et plaire allaient de pair. Il était conscient que l'art servait à l'accomplissement d'un but didactique touchant sa personnalité propre comme celle de celui qui le lisait, lorsqu'il précisait :

« Et qu'eseignât autruy, moi-mesme ie m'instruise »[39].

Il a donc compris que le rapport auteur-lecteur recevait dans *La Sepmaine* une signification inhabituelle, puisque le charme des vers, envahissant les cœurs, « transforme » « presque l'auditeur en l'autheur »[40]. Il semble que Du Bartas, comme Pascal dans *Les Pensées*[41], ait composé un ouvrage où le statut dévolu au lecteur imposait un style, c'est-à-dire dans le cas présent, la formation d'un discours contenant des images, des métaphores et des exemples, susceptibles de frapper l'imagination pour mieux séduire les âmes.

La poésie religieuse qu'il prisait, bien qu'elle l'éloignât de la Pléiade, ne l'a pas empêché de cultiver le beau langage, la rhétorique aussi, fidèle en cela aux préceptes de Du Bellay et de Ronsard. Mais avec *La Sepmaine*, l'organisation poétique procède d'une maîtrise de tout instant : au sein de chaque vers, il faut que s'articule une image, une métaphore, une expression, un aphorisme même, faisant basculer dans le rationnel et le champ de la vision humaine tout ce qui est inconcevable. D'une plume vive, aiguisée par le désir de séduire, Du Bartas a tenté de créer par des images,

37. *O.C.* : p. 130 : *Première Semaine, Cinquième Jour*, vers 877-878 ; pp. 164-165 : *Première Semaine, Septième Jour*, vers 1-48 et 49-64.
38. *O.C.* : p. 634 : « *L'Uranie, ou Muse Celeste* », vers 283-284.
39. *O.C.* : p. 12 : *Première Semaine, Premier Jour*, vers 12.
40. Supra note 4.
41. J. Dauphiné : « Quelques aspects de l'imagination dans *Les Pensées* », *Europe*, janvier 1979, nos 597-598, pp. 86-91.

des tableaux, mais aussi des raisonnements, une œuvre dont chaque élément est une contribution à la peinture d'un vaste ensemble : le cosmos même. Ambition légitime et toujours actuelle, qui se perpétue aujourd'hui encore dans les essais de M. Chagall, K. Penderecki ou O. Messiaen [42].

---

42. M. Chagall : « Le Message Biblique », *Musée Chagall*, Nice ; O. Messiaen : *Petites liturgies, Regards sur l'Enfant Jésus, Chronochromie, La Transfiguration de Notre Seigneur Jésus-Christ, Ascension, Quatuor pour la fin du temps, Livre d'orgue* ; K. Penderecki : *Le Paradis Perdu*, création européenne à La Scala de Milan le 14 janvier 1979.

CHAPITRE III

IMAGES COSMOLOGIQUES :
DIEU, LE MONDE, L'HOMME

La production entière de Du Bartas, et en particulier *La Sepmaine*, contient, de par sa nature même, un nombre impressionnant d'images en rapport avec les trois pôles majeurs de la thématique cosmologique, Dieu, le monde et l'homme. Cette observation préliminaire servant de cadre à une tentative de classification, est somme toute banale puisque la matière cosmologique suscite inévitablement des interrogations fondamentales sur l'essence de l'Être et de la Création[1]. Instruit par les anciens comme par les membres de la Pléiade, Du Bartas, tirant profit des leçons de ses devanciers ou contemporains, a voulu rénover le champ des images qu'ils lui avaient légué ou dans lequel ils s'étaient illustrés. S'il a employé telle métaphore ou telle allégorie véhiculée depuis des siècles par les théologiens et les poètes, il ne s'est pas contenté de la reproduire, mais l'a insérée dans ses vers en lui apportant des teintes et touches personnelles. A partir de clichés, dont l'usage avait limité, voire épuisé la signification, il a formé quelquefois des images réussies, artistiques, et même inattendues. Ce travail obscur a conduit les critiques, depuis Du Perron, à relever les échecs du poète, à s'arrêter sur « ses façons de parler, impertinentes en ses métaphores, qui pour la pluspart ne se doivent prendre que des choses universelles, ou si communes qu'elles ayent passé comme de l'espèce au genre, comme le soleil, mais luy au lieu de dire les Coursiers d'Eôle, il dira ses postillons, et se servira de la plus sale et vilaine Metaphore, que l'on se puisse imaginer, et décend toûjours du genre à l'espèce, qui est une chose fort vicieuse »[2]. Les métaphores ainsi qualifiées de

1. R. Guénon : *La Grande Triade*, Paris, Gallimard, 1974 (1946), chap. XIX, pp. 160-166 : « Deus, Homo, Natura ».
2. *Perroniana et Thuana ou Pensées Judicieuses, bons mots, rencontres agréables et observations curieuses du Cardinal du Perron, et de M. le Président*

vicieuses, et rejetées comme grotesques, ridicules ou baroques, méritent cependant qu'on les considère avec attention, car elles sont en relation avec une vision du monde. Une « re-lecture »[3] de l'œuvre bartasienne, selon le vœu formulé par B. Braunrot, s'avère indispensable pour mieux cerner le fonctionnement de l'imagination du poète en relation avec les exigences didactiques et artistiques qu'il s'était fixées.

1. — DIEU

Il était prévisible que Du Bartas serait, par l'objet même de son argument, obligé de rechercher, d'inventer ou de reprendre maintes comparaisons traduisant l'action créatrice et législatrice du maître de l'univers. En revanche, il est plus surprenant qu'il se soit souvent attaché en même temps à décrire la justice divine et l'humanité de Dieu. Il s'agit là d'une contradiction superficielle que l'analyse des champs de l'imagerie attribuée au Tout Puissant aide à comprendre. Le terme le plus général qui caractérise Dieu est celui d'« ouvrier ». C'est ainsi par exemple que les constellations du zodiaque ont été « fichez en la riche ceinture, / Dont l'ouvrier Immortel estrena la Nature »[4]. Dieu est « l'Ouvrier tout parfaict »[5] qui a tout disposé avec sagesse. Cette assimilation a favorisé le développement de rapprochements familiers :

> « Quoi ? Sans bois pour un tēps vivra le charpētier,
> Le tisserand sans toille, et sans pots le potier :
> Et l'Ouvrier des ouvriers tout puissāt et tout sage
> Ne pourra subsister sans ce fragile ouvrage ? »[6].

Les parallèles établis entre Dieu et le charpentier, le tisserand ou le potier, conventionnels dans la poésie religieuse, apparaissent dès le début de *La Première Sepmaine* et définissent assez bien la tonalité du poème. Tout au long de l'œuvre, ces comparaisons et

de Thou, conseiller d'État, éd. citée, p. 38 ; Sainte-Beuve : *Les Grands Écrivains Français,* éd. citée, pp. 226, 232-233.

3. B. Braunrot : *L'Imagination poétique chez Du Bartas. Éléments de sensibilité baroque dans la Création du monde,* éd. citée, p. 39.
4. *O.C.* : p. 92, *Première Semaine, Quatrième Jour,* vers 193-194.
5. *O.C.* : p. 521, *Seconde Semaine, Quatrième Jour, Quatrième Partie, La Décadence,* vers 130.
6. *O.C.* : p. 12, *Première Semaine, Premier Jour,* vers 41-44 ; pp. 211-212, *Seconde Semaine, Premier Jour, Seconde Partie, L'Imposture,* vers 485-490.

d'autres du même genre se répètent. Tour à tour, Dieu est
« l'immortel Brodeur »[7] ou le maçon « qui d'un ferme cimēt / Lie de
l'univers le ferme bastiment »[8]. Les identifications varient sans que
l'idée change ; il s'agit toujours de rendre compte de l'emprise d'un
Dieu bâtisseur et architecte. De fait, de telles métaphores ont aussi
une fonction picturale et pédagogique, car elles visualisent et
mettent à la portée de l'imagination du lecteur, un concept d'assimilation difficile. En réalité ces comparaisons « communes », qui
excédaient Du Perron, facilitent une appréhension concrète de la
divinité. C'est parce qu'il savait que l'imagination humaine échouait
à se représenter le chaos, la création et l'abstraction divine, que Du
Bartas jugeait efficace d'en donner un reflet, fût-ce au moyen
d'images familières. Les Pères de l'Église n'avaient pas procédé
autrement. Il est donc injuste et péremptoire de condamner, comme
grotesque ou baroque, l'emploi d'images réalistes signifiant la puissance de l'Être. On remarque que Du Bartas avait une prédilection
pour celles qui mettaient en lumière la pensée organisatrice de Dieu.
Que Dieu soit représenté comme un maçon, un « docte arpenteur »[9],
un sculpteur[10] ou un architecte[11], il est toujours conçu comme celui
qui a « fait tout par mesure et par nōbre, et par pois »[12], celui qui a
inscrit au sein du cosmos les lois du nombre, les règles d'une ordonnance, celui qui légifère.

La création, le poète l'a rappelé plusieurs fois, est le résultat d'un
ordre que Dieu a imposé au chaos, en assignant aux éléments une
place dans une disposition globale que résument ces vers :

> « L'air se parque dessus, l'eau se range sous lui,
> Non poussez par le sort, ains conduits par celui,
> Qui pour entretenir la nature en nature,
> Tous ses œuvres a fait par poids, nombre et mesure.
> Car si Neptun se feust aupres du feu logé,
> Soudain, soudain, le feu, se cuidant outragé,
> Pour se prendre à l'arbitre eust laissé sa partie.
> Or les sacrez aneaux de la chaine, qui lie
> Les mêbres de ce Tout, sont tels que quād il veut,
> Celui qui les a ioints seul desioindre les peut. »[13]

7. *O.C.* : p. 96, *Première Semaine, Quatrième Jour*, vers 344.
8. *O.C.* : p. 569, *La Judith*, Livre II, vers 39-40.
9. *O.C.* : p. 62, *Première Semaine, Troisième Jour*, vers 15.
10. *O.C.* : p. 154, *Première Semaine, Sixième Jour*, vers 711.
11. *O.C.* : p. 147, *Première Semaine, Sixième Jour*, vers 451.
12. *O.C.* : p. 212, *Seconde Semaine, Premier Jour, Deuxième Partie,
L'Imposture*, vers 492.
13. *O.C.* : pp. 38-39, *Première Semaine, Second Jour*, vers 295-304.

Le poète, qui n'a pas dépeint la naissance de la matière, tâche par trop ambitieuse, en insistant sur la description de l'organisation voulue par Dieu, parvient, de manière détournée, mais cependant efficace, à faire sentir l'effet des forces créatrices. La prise en considération de cet aspect dans *La Sepmaine* aboutit à la reconnaissance du pouvoir accordé au Verbe, au Logos, à la Voix :

> « Ceste puissante voix, qui l'Univers bastit,
> Encor, encor sans cesse ici bas retentit :
> Ceste voix d'an en an le monde renouvelle,
> Et riē ne naist, ne vit, ne croist qu'ē vertu d'elle. »[14]

Dans ces vers gnomiques, où le jeu des sonorités perpétue la voix de Dieu, l'idée chère à Du Bartas et à ses devanciers du Moyen Age est bien restituée. Par le rythme et l'écho, le poète suggère que la parole divine continue d'agir au fil des saisons, au cours des siècles. Tant qu'elle nous parviendra, le monde durera.

Cette « Toute-Puissante voix »[15], qui forma le cosmos, a promulgué ses décrets aux éléments, aux cieux, aux animaux et à l'homme. On observe que l'intérêt prêté à la voix du « legislateur »[16] n'a pas entraîné le poète à développer une imagerie musicale, semblable à celle que La Boderie et Du Monin ont adoptée dans leurs œuvres. Il semble que Du Bartas ait été davantage sensible à la qualité picturale des images, servant à rendre de manière concrète l'activité de Dieu « roule-ciel »[17], « reigle-Univers »[18], « Monarque du pole »[19], dont « le monde a pour timon sa sagesse »[20]. C'est pour cette raison que, soucieux de mentionner la

14. *O.C.* : pp. 78-79, *Première Semaine, Troisième Jour*, vers 695-698 et p. 73, *Première Semaine, Troisième Jour*, vers 463-464. Du Bartas suivait des distinctions venues de l'Antiquité et reprises au Moyen Age. J. Dauphiné : « La musique des éléments, motif privilégié de l'Harmonia Mundi au XIIe siècle », colloque du Centre d'Études Médiévales d'Amiens : *Les quatre éléments dans la culture médiévale* (25-27 mars 1982).

15. *O.C.* : p. 93, *Première Semaine, Quatrième Jour*, vers 195.

16. *O.C.* : p. 364, *Seconde Semaine, Troisième Jour, Seconde Partie, Les Pères*, vers 174.

17. *O.C.* : p. 409, *Seconde Semaine, Troisième Jour, Quatrième Partie, Les Capitaines*, vers 135.

18. *O.C.* : p. 458, *Seconde Semaine, Quatrième Jour, Première Partie, Les Trophées*, vers 893.

19. *O.C.* : p. 523, *Seconde Semaine, Quatrième Jour, Quatrième Partie, La Décadence*, vers 182.

20. *O.C.* : p. 368, *Seconde Semaine, Troisième Jour, Seconde Partie, Les Pères*, vers 343.

constante immanence de Dieu, il a proposé des enchaînements de comparaisons réductibles à l'idée qu'il voulait exposer :

> « Hé Dieu ! Combien de fois ceste belle machine
> Par sa propre grandeur eust causé sa ruine ?
> Combien de fois ce Tout eust senti le trespas,
> S'il n'eust eu du grand Dieu pour arcs-boutans les bras ?
> Dieu est l'ame, le nerf, la vie, l'efficace
> Qui anime, qui meut, qui soustient cette masse.
> Dieu est le grãd ressort, qui fait de ce grand corps
> Iouer diversement tous les petits ressorts.
> Dieu est ce fort Atlas dont l'impitoyable eschine
> Soutient la pesanteur de l'astree machine. »[21]

Assurant le maintien du monde, Dieu en dirige aussi le fonctionnement toutes les fois qu'Il « r'engrosse la terre, et fait qu'elle n'a pas / De tant d'enfantemens presqu'encor le flanc las : »[22]. Alors que Ronsard, pour expliquer le renouveau de la nature, usait d'une fable mythologique, le poète de *La Judith*, lui, imagine une union entre Nature et Dieu.

Révélatrice aussi est l'image suivante où le Créateur, « du bout de son doigt », « soustient l'Univers »[23]. Dans ce cas, le réalisme a pour fonction d'insuffler une vie nouvelle à la figuration conventionnelle de la divinité tenant en sa main la boule du monde. Par des termes choisis, Du Bartas produit une dissociation significative : le monde, qui paraît immense à l'homme, est moins qu'une boule au regard de Dieu. On pourrait à ce propos reconnaître, à la suite de Du Perron, qu'en optant pour la veine réaliste, Du Bartas a été contraint parfois de négliger la grandeur et la pompe qui doivent entourer la personne divine. Pour mieux visualiser son immanence, le poète gascon l'a presque désacralisée !

Un autre aspect du Dieu législateur est évoqué par les métaphores et les comparaisons rendant compte de la hiérarchie instaurée lors de la création : le « Monarque »[24], « en formant l'univers, / Chaque espece seella d'un cachet tout divers »[25]. Dieu a veillé à ce que la forme agisse sur la matière, à ce que le sceau

21. *O.C.* : p. 167, *Première Semaine, Septième Jour*, vers 139-148.
22. *O.C.* : p. 167, *Première Semaine, Septième Jour* vers 153-154.
23. *O.C.* : p. 509, *Seconde Semaine, Quatrième Jour, Troisième Partie, Le Schisme*, vers 519.
24. Supra note 19 ; *O.C.* : p. 211, *Premier Jour, Seconde Partie, L'Imposture*, vers 486.
25. *O.C.* : p. 110, *Première Semaine, Cinquième Jour*, vers 69-70.

imprime la cire, car, ainsi que l'explicite Goulart, « Dieu ayāt pour chancelerie ce grand monde, et la premiere matiere cōme une masse de cire : nuict et jour, cōme sans cesse grave es parcelles de ceste masse ses grāds et petits seaux, et ainsi prennēt forme les plantes, metaux, animaux, etc. »[26]. Le retour de cette comparaison est révélateur de l'attitude intellectuelle conformiste de l'auteur. L'imagerie conventionnelle semble le satisfaire.

Enfin, Du Bartas a célébré avec emphase et insistance la largesse du Seigneur. Si les voies du Sauveur sont impénétrables, elles conduisent toutes à rencontrer la bonté de Dieu, prodiguant un « Ocean de ces douces largesses. »[27]. La mer et l'eau sont associées à la magnanimité de la divinité « des estres la fontaine »[28] et « fontaine de tous biens »[29]. Cela est d'autant plus sensible que le poète lui-même, profondément attiré par l'eau, concevait la mer comme un équivalent métaphorique des difficultés à surmonter pour accomplir son œuvre :

> « Ie sçay que ceste mer est sans fōds et sans rive :
> Mais, ô Pilote sainct, tu feras que i'arrive
> Au port de mon desir, où tout moite, ie veux
> Celebrer ta faveur, et te payer mes vœus. »[30]

A travers ce qui précède on constate qu'entre l'inspiration élevée des *Hymnes* ronsardiens et le réalisme bartasien de grandes différences se marquent ; là où Ronsard apercevait la puissance de l'unité, Du Bartas a plutôt décrit les manifestations d'un Dieu proche de l'homme. C'est le sens de la transcendance qui paradoxalement fait défaut à la poésie religieuse de *La Sepmaine*. Mais peut-on lui en tenir rigueur alors qu'au début de son poème sacré il avouait :

> « Il me plaist de voir Dieu, mais comme revestu
> Du manteau de ce Tout, tesmoin de sa vertu.
> Car si les rais aigus, que le clair Soleil darde,

---

26. *Les Œuvres Poetiques (...) de Du Bartas,* éd. citée de J. Choüet, 1608, p. 107.

27. *O.C.* : p. 13, *Première Semaine, Premier Jour,* vers 55.

28. *O.C.* : p. 673, « *La Lepanthe de Jacques V roy d'Écosse* », vers 616.

29. *O.C.* : p. 377, *Seconde Semaine, Troisième Jour, Troisième Partie, La Loy,* vers 231.

30. *O.C.* : p. 178, *Seconde Semaine, Premier Jour, Première Partie, Eden,* vers 13-16.

Esblouissent celui, qui constant les regarde :
Qui pourra soustenir sur les cieux les plus clers
Du visage de Dieu les foudroyans esclairs ? »[31].

Il se justifiait par avance de ne pas entreprendre la description de l'impossible.

Du reste, si, à l'exemple de Ronsard, il s'élevait aux beautés de la poésie métaphysique, c'était avant tout pour glorifier en quelques vers un aspect du cosmos plutôt qu'un attribut de Dieu[32]. Il y a une sorte de gêne chez Du Bartas à l'égard du « haut stile », gêne dont il avait conscience et qui l'a retenu de s'aventurer, comme le chef de la Pléiade ou Dante, sur des voies difficiles. Le réalisme de Du Bartas est un pis-aller, une compensation, fruit de son inaptitude à décrire, à la différence de Dante, les visions mystiques. Pour le poète du *Triomphe de la Foi,* Dieu, plus qu'une essence, est une force capable de provoquer mille effets, d'expliquer le sens et les mécanismes du cosmos et d'agir avec justesse.

Afin de mettre en valeur les interventions de la justice céleste, il a beaucoup emprunté à l'histoire biblique. Si *La Première Sepmaine,* d'ordre cosmologique, ne contient que peu d'exemples à la louange du Juge suprême, *La Seconde Sepmaine,* avec sa thématique historique clairement définie, en offre une profusion. Dieu, selon les *Ecritures,* est « Soleil de Justice », expression que Du Bartas a utilisée[33] et que Bérulle a expliquée plus tard en soulignant les analogies entre Dieu, Jésus Christ et le soleil[34]. Dans *La Judith,* il avait déjà consacré maints passages aux effets de l'action du Créateur[35] ; l'histoire même de Judith faisait ressortir le lent et inexorable travail divin. Dans *La Seconde Sepmaine,* le maître des cieux intervient dans les luttes, guerres et événements pour aider, au moins à long terme, à l'accomplissement des prophéties et au retour de la paix salutaire. Abraham, à la tête de ses hommes qu'il entraîne pour délivrer Loth, achève sa harangue sur cet encouragement :

« Suyvez moy, mais plustost le grãd Dieu des armees,
La frayeur des tyrans, devãt qui cõsõmees

31. *O.C.* : p. 14, *Première Semaine, Premier Jour,* vers 121-126 ; John Arthos : « Du Bartas, Petrarch and the poetry of deism », *Renaissance Studies in honor of C. Camden, Rice University Studies,* 60, II, Spring, 1974, pp. 1-18.
32. *O.C.* : p. 56, *Première Semaine, Second Jour,* vers 999-1006.
33. *Malachie* : IV, 2 ; *O.C.* : p. 368, *Seconde Semaine, Troisième Jour, Seconde Partie, Les Pères,* vers 336.
34. Bérulle : *Les Œuvres,* Paris, A. Estienne, 1644, in-fol., pp. 279-281.
35. *O.C.* : pp. 589-590, *La Judith,* Livre III, vers 361-390.

Sont les forces du Môde : allez heureux troupeau
Marchez, suyvez de Dieu l'invincible drapeau »[36].

Du Bartas, à l'instar des hommes du Moyen Age, s'est plu à peindre le Dieu de *L'Ancien Testament*, Dieu des armées, « dompte-tyrans »[37], clef du destin, guide « qui, sage, veut aux yeux de tout cest univers / Jouer la tragedie, où les princes pervers »[38], tel Pharaon, connaissent leur procès, leur défaite et leur perte. Rien ne saurait résister à « Dieu lance-tonnerre, / Qui dispose a son gre des succez de la guerre »[39]. Il est le « Roy des Rois,/Et le plus grãd de vous n'est rien devant sa face / Qu'un festu que le vent rouë, agite, pourchasse »[40]. Aussi, comme dans la Bible, le succès militaire est-il quelquefois une preuve que le général ou le roi est le favori du ciel. Moïse, David, Salomon, mais également le futur Henri IV à Ivry[41], ont vaincu parce que le Seigneur des armées était avec eux. Le rôle de la justice, tel qu'il se dessine dans *La Sepmaine*, témoigne du vif intérêt que le poète a ressenti pour l'histoire. Si *La Seconde Sepmaine* avait été achevée, comme il le prévoyait, Du Bartas aurait dressé un tableau de l'histoire des hommes dont l'aboutissement eût été le triomphe céleste lors de la résurrection. C'est peut-être à cause de la constante manifestation de Dieu dans les affaires humaines que ce dernier reçoit dans la poésie bartasienne des sentiments humains, un langage et une présence. La réalité de l'être devient son existence.

Le réalisme de Du Bartas, — Sainte-Beuve, A. Bailly et R. Lebègue l'ont déploré[42] —, a amené l'écrivain à proposer des comparaisons et métaphores d'une platitude déconcertante pour

---

36. *O.C.* : p. 340, *Seconde Semaine, Troisième Jour, Première Partie, La Vocation*, vers 565-568.

37. *O.C.* : p. 505, *Seconde Semaine, Quatrième Jour, Troisième Partie, Le Schisme*, vers 333 ; p. 543, *Seconde Semaine, Quatrième Jour, Quatrième Partie, La Décadence*, vers 995-1010.

38. *O.C.* : p. 384, *Seconde Semaine, Troisième Jour, Troisième Partie, La Loy*, vers 511-512.

39. *O.C.* : p. 426, *Seconde Semaine, Troisième Jour, Quatrième Partie, Les Capitaines*, vers 829-830.

40. *O.C.* : p. 385, *Seconde Semaine, Troisième Jour, Troisième Partie, La Loy*, vers 548-550.

41. *O.C.* : p. 685, *« Cantique sur la victoire d'Ivry »*, vers 5-6 : « La victoire est donc nostre, et la iuste rigueur / Du Ciel est cheute en fin dessus le camp ligueur ! ».

42. Sainte-Beuve : *op. cit.*, p. 226 ; R. Lebègue : *La Poésie Française de 1560 à 1630*, Paris, SDEES, 1951, tome I, chap. III, pp. 81-97 : « Du Bartas », pp. 86-87, 97 ; A. Bailly : *La Vie littéraire sous la Renaissance*, Paris, Tallandier, 1952, pp. 153-154.

caractériser le principe de toute vie. Au cours du *Septième Jour* de
La Sepmaine, il écrivait notamment :

> « Non que i'aille forgeant une divinité,
> Qui languisse là haut en morne oisiveté,
> Qui n'aime les vertus, qui ne punit les Vices ;
> Un Dieu sourd à nos cris, aveugle à nos services,
> Fay-neant, songe-creux, et bref un Loir qui dort
> D'un sommeil eternel, ou plustost un Dieu mort. »[43]

Même s'il lui importait d'opposer au Dieu de bonté et de science,
toujours agissant pour le bien de l'univers, un « Dieu mort », il eût
été habile d'éviter une formulation maladroite et par trop familière.
Rapporter au Seigneur la panoplie des actions humaines ou risquer
des formules comme « l'alambic des pensées divines »[44] nuit à
l'atmosphère sacrée et à l'élévation du style. Le long parallèle entre
le Christ et la manne a peu d'attrait : à trop vouloir prouver l'humanité du Sauveur, Du Bartas le prive d'une partie de son mystère[45].

43. *O.C.* : p. 166, *Première Semaine, Septième Jour*, vers 99-104 ; *Les Œuvres
Poetiques*, éd. citée de J. Choüet, 1608, p. 653 : « *Loir*. C'est un animal assez
connu, et qui à cause d'un suc pesant et terrestre dont il est cōposé, dort tout
l'hiver. Cela lui est cōmū avec l'Ours et autre animaux. Pline au 8. liv. ch. 57. en
fait mention, *Sorices hieme condi, sicut glires, autor est Nigidus*. Les Epicuriens
transfromēt Dieu en Loir, quand ils l'imaginēt oisif et ne se meslant point du
gouvernement du monde. »
44. *O.C.* : p. 191, *Seconde Semaine, Premier Jour, Première Partie, Eden*, vers
385.
45. *O.C.* : pp. 390-391, *Seconde Semaine, Troisième Jour, Troisième Partie, La
Loy*, vers 765-794 : « Ce grain est biē menu, mais plein d'alme substance ; / Christ
est fort en effect, et foible en apparence. / La māne est toute douce, et Christ n'est
riē q̄ miel : / Elle tombe d'enhaut, Christ devale du ciel. / Avec elle distille une
fraiche rosee : / Et Christ en descendant à la terre arrousee / Des dons de son
esprit. Elle prend à tous coups / Tout tel goust qu'on lui dōne, et Christ est tout à
tous : / Pardon au repentant, à l'esbranlé constāce, / Viande à l'affamé, au disetteux
chevance ; / Au malade santé, à l'affligé confort, / A l'humble odeur de vie, au fier
odeur de mort. / Elle est un bien cōmun : Christ a nul ne se cache. / Elle est
puuremēt blāche : et Christ n'a point de tache. / Le fantasque Iacob desdaigne sa
bonté : / De Christ et de sa loy le monde est dégouté. / Celui n'en mange moins
qui n'en a qu'une mine, / Que qui cent, qui deux cens : en la grace divine / De
Christ n'a plus de part le docteur de la loy, / Que le simple escolier plein de zele
et de foy. / Elle est ronde, et Christ rōd, sās fraude et sās feitise, / Elle est gardee en
l'arche, et Christ en son Eglise. / Es mains de quelques uns elle est chāgee en
vers ; / Christ le verbe eternel est scandale aux pervers : / Elle ne tombe ailleurs
que sur sa saincte race : / Et dans le parc des saincts Christ cōfine sa grace. / Tout
son grain est pilé : Christ l'aigneau sacre-sainct / Au pressoir de la croix est
tellement espreint, / Que de son sang divin la riviere profonde / Découle de Sion
par tous les coins du monde. »

Cependant son intention n'est pas gratuite, puisqu'elle découle de celle des Pères de l'Église qui n'avaient pas hésité à confier à des images « basses » le soin de symboliser la réalité supérieure. A la suite de saint Ambroise, Du Bartas était en droit d'avoir recours à des comparaisons pour le moins inattendues :

> « Ainsi l'Esprit de Dieu sembloit, en s'esbatant,
> Nager par le dessus de cet amas flottant.
> (Autre soin ne veilloit pour lors dãs sa poitrine :
> Si le soin peut tomber en l'essence divine)
> Ou bien comme l'oiseau qui tasche rendre vifs
> Et ses œufs naturels, et ses œufs adoptifs,
> Se tient couché sur eux, et d'une chaleur vive,
> Fait qu'un rond iaune-blãc en un poulet s'avive :
> D'une mesme façon l'Esprit de l'Eternel
> Sembloit couver ce gouffre, et d'un soin paternel
> Verser en chaque part une vertu feconde,
> Pour d'un si lourd amas extraire un si beau mõde. »[46]

L'interprétation alchimique de l'œuf et de la couvée reste dans les vers ci-dessus au second plan, et n'est pas source de beauté. Plus loin, c'est encore à l'aide d'un cliché bien connu des auteurs de livres d'emblèmes qu'il comparait Dieu à une ourse :

> « De sagesse et pouvoir l'inepusiable source,
> En formant l'Univers, fit donc ainsi que l'ourse,
> Qui dans l'obscure grotte au bout de trente iours
> Une masse difforme enfante au lieu d'un ours :
> Et puis en la lechant, ores elle façonne
> Ses deschirantes mains, or' sa teste felonne,
> Or' ses pieds, or' son col : et d'un monceau si laid
> Son industrie anime un animal parfaict. »[47]

Une tendance similaire se retrouve dans les nombreux passages où Du Bartas, dans le but de convaincre, a sacrifié la qualité philosophique du développement au profit d'un animisme superstitieux :

46. *O.C.* : pp. 18-19, *Première Semaine, Premier Jour*, vers 293-304.
47. *O.C.* : p. 21, *Première Semaine, Premier Jour*, vers 407-414 ; B. Braunrot : « Une rhétorique de la surprise. Motifs et figures de style dans la « Création du Monde » de Du Bartas », *Kentucky Romance Quarterly*, XX, 1973, pp. 371-385.

« Si tost que i'oy tonner, ie cuyde ouyr la voix
Qui les pasteurs enthrône, et dethrône les roys.
Par le choc brise-tours du fouldre i'imagine
L'invincible roideur de la dextre Divine.
Quãd ie voy que le ciel tout s'esclate en esclairs,
Ie voi des yeux de Dieu les rais sainctemẽt clairs.
Quand il pleust par saison, c'est alors que ie pẽse
Que Dieu verse ici bas sa corne d'abondance.
Quãd l'eau ravit nos ponts et nos chãps labourez,
Dieu pleure, à mon avis, nos peschez non pleurez, »[48].

Par son refus d'adopter un style élevé, par son désir de rendre Dieu accessible au regard, le poète n'aurait-il pas perdu le chemin du cœur, celui de la divinité mystérieuse et agissante. Lui qui préférait « adorer » la Sainte Trinité que l'« esplucher »[49], a été cependant amené à la définir en termes théologiques et abstraits. Cela ne lui a attiré que les reproches de critiques vétilleux et de théologiens avertis[50]. Il était à l'époque difficile d'éviter les subtiles distinctions prônées par les catholiques comme par les protestants, ce qui explique qu'il se soit très prudemment gardé de composer des exposés théoriques. Du Bartas, il faut le constater, n'était pas un poète capable d'exprimer les abstractions divines ; il n'y a pas chez lui le récit de véritables extases. Ce qui le dominait, c'était le vœu et la volonté de mettre à la portée de tout homme, grâce aux symboles, images et métaphores, une représentation des infinis pouvoirs du Créateur. Cela dénote un souci véritable d'apologiste qui souhaite séduire, toucher et convaincre. Ainsi compris, le réalisme qui imprègne les actions autant que le portrait de la divinité apparaît comme une technique au service d'un point de vue. Dès lors les comparaisons ridicules, grotesques ou tout simplement familières, constituent de véritables raisonnements, arguments ou pensées.

Faire sentir les splendeurs de l'œuvre de Dieu, tel était le but de Du Bartas. Le danger, c'est qu'au nom de ce dessein, le poète a négligé la métaphysique. Le faire-voir l'emporte sur la spéculation, les prouesses artistiques sur la finesse d'analyse. On note naturellement que le Dieu figuré par Du Bartas a perdu sa toute puissance : il n'a plus une grandeur écrasante pour l'homme, il ne semble plus demeurer dans les cieux. Éloignée de l'emphase et de l'éloquence de

48. *O.C.* : p. 50, *Première Semaine, Second Jour*, vers 751-760.
49. *O.C.* : p. 14, *Première Semaine, Premier Jour*, vers 98.
50. François Feu-Ardent : *Sept Dialogues ausquels sont examinées cent soixante et quatorze erreurs des Calvinistes (...)*, éd. citée, pp. 29-30.

la tradition religieuse et des *Hymnes* ronsardiens, la poésie bartasienne a privilégié l'immanence divine, favorable à l'explication de la Création et de l'histoire du monde. A défaut de se révéler métaphysicien, le poète toujours sensible aux spectacles de la nature, s'est montré peintre. La nature et le cosmos envahissaient son esprit : il se perdait dans les mille aspects de l'Univers, sans oublier cependant le rôle de cette fusion qui le conduisait à affirmer que, « Pour mieux cōtempler Dieu, contēpler l'univers »[51] était une nécessité.

2. — LE MONDE

Si dans *La Première Sepmaine* le monde est minutieusement détaillé, dans *La Seconde Sepmaine,* où les considérations historiques supplantent les développements cosmologiques, on relève peu de tableaux et de passages célébrant l'équilibre, le fonctionnement ou la beauté du cosmos. L'analyse des images cosmologiques se rapportant à l'univers apparaît donc essentielle dans l'œuvre majeure du poète, publiée en 1578.

Au XVIe siècle, l'attention accordée aux mécanismes physiques est commune aux philosophes, humanistes et poètes. Ces derniers, comme Ronsard, Pontus de Tyard ou Baïf, méditaient sur l'harmonie du monde, les secrets de la nature et les météores. Du Bartas, qui s'est illustré dans la même veine que ses prédécesseurs, a, toutefois plus qu'eux, rapporté à Dieu ce qu'il contemplait. Qu'il s'attache à décrire l'organisation du monde, qu'il peigne la machine de l'univers avec ses mutations, qu'il rêve sur l'empire de la mer ou réfléchisse sur l'image du « luth du monde », le chantre d'Uranie a la perpétuelle tentation de souligner, autant que faire se peut, le rôle de Dieu, avant d'étaler avec complaisance sa science d'autodidacte qui l'entraîne irrésistiblement à classer tout ce qu'il remarque. Toute la création est agencée par le *Fiat* divin, mais tout est disposé par le poète lui-même dans le cadre souple des jours composant *Les Sepmaines*. Aussi n'est-il pas étonnant qu'il dissèque les innombrables manifestations de la nature, donne avec profusion des exemples ou des explications concernant la matière, les animaux, les plantes, les planètes et l'homme. Le danger vient de ce que, ambitionnant de prouver la grandeur de Dieu, il a été conduit à inventorier presque indéfiniment merveilles et phénomènes de l'univers. Il y avait là un écueil qu'il n'est pas parvenu à éviter tant son projet l'acheminait à brosser un tableau

---

51. *O.C.* : p. 15, *Première Semaine, Premier Jour,* vers 178.

complet du monde. Infinité des manifestations divines, indéfini de la description poétique.

De manière conventionnelle, Du Bartas a commencé par condamner la théorie épicurienne de la création et par réfuter l'idée d'un univers éternel que le naturalisme de la Renaissance avait soutenue[52]. Limitation dans la durée, mais aussi dans l'espace, puisqu'il repoussait l'hypothèse des autres mondes :

> « Il n'est qu'un Univers, dont la voute supresme
> Ne laisse rien dehors, si ce n'est le rien mesme.
>
> La raison demolit ces nouveaux firmamens,
> Dont Leucippe a ietté les fresles fondemens :
> Veu que si la Nature embrassoit plusieurs mōdes,
> Du plus haut univers, les terres et les ondes,
> Vers le mōde plus bas descendroyent sans repos,
> Et tout se resoudroit en l'antique Chaos.
> Il faudroit d'autre-part entre ces divers mondes
> Imaginer un vuide, où leurs machines rondes
> Se peussent tournoyer, sans que l'un mouvement
> Au mouvement voisin donnast empeschement.
> Mais tous corps sōt liez d'un si ferme assemblage,
> Qu'il n'est rien vuide entr'eux. C'est pourquoi le breuvage
> Hors du tonneau percé ne se peut escouler
> Qu'on n'ait d'un souspirail fait ouverture à l'air. »[53]

Aucune originalité : l'univers de Du Bartas est celui de Ptolémée. Il était alors normal que l'écrivain, disciple des anciens, soit réfractaire aux propositions coperniciennes[54] qui ruinaient les fondements de l'édifice cosmique auquel il accordait crédit.

On observe ensuite qu'à l'image de Maurice Scève et des poètes de la Renaissance[55], il a exposé la théorie si répandue des quatre éléments. Dans *Le Triomphe de la Foy*, comme dans *La Première Sepmaine*, mots, expressions et formules identiques reviennent pour caractériser la terre, l'eau, l'air, le feu et préciser leur action, en accord avec d'autres déterminations comme celles des quatre vents, des quatre âges et des quatre humeurs :

52. *O.C.* : p. 12, *Première Semaine, Premier Jour*, vers 13-18 et 19-24.
53. *O.C.* : p. 19, *Première Semaine, Premier Jour*, vers 307-308 et 313-326.
54. *O.C.* : pp. 91-92, *Première Semaine, Quatrième Jour*, vers 155-164.
55. M. Scève : *Œuvres Poétiques Complètes*, Bibliothèque 10/18, Saint-Amand, 1971, tome II, 187 p., pp. 111-113, *Microcosme*, Livre Tiers, vers 2509-2568.

> « Sentant les quatre vẽts, qui d'un chemin divers
> Marquent les quatre coins de ce grand univers,
> Ie remarque és effects de leurs bruyans passages
> Quattre temps, quattre humeurs, quattre elemẽs, quattre aages.
> Cil qui naist chez l'Aurore imite en qualité
> L'aage tendre, le feu, la cholere, l'esté.
> Cil qui seche en venant l'Afrique solitaire,
> L'aage plus fort, les airs, le sang, la prime-vere.
> Cil qu'on sent du Ponant moitement arriver,
> L'aage pesant, et l'eau, et le phlegme, et l'hyver.
> Cil qui part de la part où tousiours l'air frissonne,
> L'aage flestri, les champs, l'humeur triste, et l'Automne. »[56]

De tels vers, présents un peu partout dans la poésie du XVIe siècle, traduisent la foi du poète envers la « philosophie du microcosme ». D'ailleurs lorsqu'il tentait de suggérer l'éminente splendeur du cosmos, Du Bartas ne cessait de procéder à des transferts entre l'homme, ce « petit monde », et l'univers :

> « Ce n'estoit dõc le mõde, ains l'uniq̃ matiere
> Dont il devoit sortir la riche pepiniere
> Des beautez de ce Tout : l'Embryon qui devoit
> Se former en six iours en l'estat qu'on le void.
> Et de vrai ce monceau confusément enorme
> Estoit tel que la chair qui s'engendre, difforme,
> Au ventre maternel, et par temps toutesfois,
> Se change en front, en yeux, en nez, en bouche, en doits :
> Prend ici forme lõgue, ici large, ici ronde,
> Et de soi peu à peu fait naistre un petit monde.
> Mais cestui par le cours de nature se fait
> De laid, beau : de mort, vif : et parfait, d'imparfaict :
> Et le monde iamais n'eust changé de visage,
> Si du grãd Dieu sans-pair le tout-puissant lãgage,
> N'eust cõme syringué dedans ces mẽbres morts,
> Ie ne sçai quel Esprit qui meut tout ce grãd corps. »[57]

56. *O.C.* : pp. 45-46, *Première Semaine, Second Jour*, vers 571-582. G. Postel, à la suite des anciens, s'est également interrogé sur le symbolisme du chiffre 4, en particulier dans son traité *Absconditorum Clavis*, (1646), Paris, Chacornac, 1899.

57. *O.C.* : pp. 17-18, *Première Semaine, Premier Jour*, vers 259-274 ; *Les Œuvres Poetiques (...) de Du Bartas,* éd. citée de J. Choüet, 1608, pp. 35-36 où Goulart commentait ainsi les vers de Du Bartas : « *Embryon.* Il dit que le Chaos du monde n'estoit pas tel que nous le voyons maintenant, ains l'Embryon, depuis formé en l'espace de six iours. Ceux qui ont discouru de la génération de l'hõme, tiennent que les six premiers iours après la conception, la semence est prinse cõme laict : / Au bout des neuf iours consecutifs, elle se tourne en sang : douze iours

La cosmogenèse et l'ontogenèse possédant un rythme commun, il est poétiquement licite de ramener le cosmos à l'homme ou de déceler, dans le corps humain, la structure des cieux et de l'univers. On constate que l'imagination bartasienne, bien que s'exerçant sur des platitudes et des clichés, l'harmonie du monde en est un, a abouti à des réussites. S'inspirant de Pisidès, il a cette heureuse comparaison :

> « O grand Dieu, c'est ta main, c'est (sans doute) ta main
> Qui sert de pilotis au domicile humain.
> Car bien qu'il pende en l'air, bien qu'il nage sur l'ôde,
> Bien que de toutes parts sa figure soit rôde
> Qu'autour de lui tout tourne, et que ses fôdemês
> Soyent sans cesse agitez de rudes mouvements :
> Il demeure immobile, afin que sur sa face
> Puisse heberger en paix d'Adam la saincte race. »[58]

La beauté de l'image seule a touché le poète sans qu'il lui ait accordé un autre intérêt. Les comparaisons et métaphores, à l'opposé de ce qui arrivait à Dante ou à Ronsard, ne l'ont pas contraint à réviser ses conceptions. Son imagination ne saurait menacer les enseignements de la foi. Aussi est-ce avec conviction qu'il saluait la terre, « cœur, racine, baze ronde / Pied du grand animal qu'on appelle le monde, »[59], fondement fixe, fécond et central du cosmos[60]. On remarque que le style bartasien est résolument dogmatique : le poète délivrait ses arguments, les disposait, sans vraiment les discuter. Aucune ingéniosité non plus dans ses vers, lorsque de manière fort peu poétique, à la suite de Scève[61], il s'astreint à dénombrer les ressources terrestres en fonction de leur localisation. L'« eschine » de la terre est « couverte de thresors »

---

apres, en chair : les quinze suivans, le corps reçoit sa forme accomplie : quoy fait l'ame raisonnable y est infuse, et iusques à ce point le fruict est appelé Embryon, mot Grec, par lequel ils donnent à entendre que ce fruict est nourri au ventre comme le fruict est nourri de l'arbre qui le porte. Le poete applique ce mot fort proprement au Chaos, ou à la premiere matiere faite de Rien le premier iour ». Pour la formation de l'homme se reporter à R. Bretonnayau : *La Génération de l'Homme et le Temple de l'Ame (...)*, Paris, L'Angelier, 1583 et à l'ouvrage de L. Barkan : *Nature's Work of Art. The Human Body as Image of the World*, New Haven, Londres, Yale Uni. Press, 1975.

58. *O.C.* : p. 71, *Première Semaine, Troisième Jour*, vers 391-398 ; G. Pellissier : *op. cit.*, pp. 70-71.

59. *O.C.* : p. 83, *Première Semaine, Troisième Jour*, vers 857-858.

60. *O.C.* : p. 39, *Première Semaine, Second Jour*, vers 337-338.

61. M. Scève : *op. cit.*, pp. 113-114, *Microcosme, Livre Tiers*, vers 2581-2606.

végétaux, sa « poictrine / Est si comble de biens, que les doigts affamez / Des avares humains ne l'espuisent iamais » et son « flanc » renferme l'or, source de vices et de méfaits[62]. La poésie est totalement absente des listes d'arbres, de plantes ou de métaux qu'à l'instar des auteurs médiévaux il reproduisait. Même l'hymne à la terre manque de souffle, si bien que ce n'est que lorsque Du Bartas abandonne son dessein encyclopédique pour chanter la vie rustique[63] qu'il arrive presque à émouvoir.

D'autres éléments de sa vision du cosmos se découvrent dans ses interrogations sur les cieux et les astres. Tout en minimisant les « querelles » portant sur « le nōbre des cieux »[64], il souligne que, pour sa part, il en compte dix[65] et qu'il admet l'existence des eaux célestes « que Dieu roulla sur la voute aetheree »[66]. Au cours du *Quatrième Jour* de *La Première Sepmaine*, il revenait sur ce dernier point, avant de proposer, pour définir les cieux, la fameuse comparaison, depuis lors si souvent commentée :

> « Mais plus des astres clairs i'admire, où plus i'y pense,
> La grandeur, la beauté, le nombre, la puissance,
> Comme un Paō, qui navré du piqueron d'amour
> Veut faire, piafard, à sa dame la cour,
> Tasche estaller en rond les thresors de ses aisles
> Peinturees d'azur, marquetees d'estoiles,
> Rouant tout à l'entour d'un craquetant cerceau,
> Afin que sō beau corps paroisse encor plus beau :
> Le firmament atteint d'une pareille flame
> Desploye tous ses biens, rode autour de sa dame,
> Tend son rideau d'azur de iaune tavelé,
> Houpé de flocons d'or, d'ardans yeux piolé,
> Pommelé haut et bas de flambantes rouëlles,
> Moucheté de clairs feux, et parsemé d'estoilles,
> Pour faire que Ceres aille plus ardamment
> Recevoir le doux fruict de son embrasement. »[67]

---

62. *O.C.* : p. 80, *Première Semaine, Troisième Jour*, vers 741, 742-744, 767-768 ; p. 82, vers 844-845, il est question du « dos » et des « creux roignons » de la terre.

63. *O.C.* : pp. 83-86, *Première Semaine, Troisième Jour*, vers 897-992.

64. *O.C.* : p. 55, *Première Semaine, Second Jour*, vers 954.

65. *O.C.* : p. 56, *Première Semaine, Second Jour*, vers 979-980.

66. *O.C.* : p. 56, *Première Semaine, Second Jour*, vers 1006.

67. *O.C.* : p. 92, *Première Semaine, Quatrième Jour*, vers 169-184 ; et p. 640, *Le Triomphe de la Foy*, vers 33-36 où il dépeignait ainsi le corps de la Foi : « Sō corps qui la beauté du pl'beau corps efface, / A d'yeux comme un Paon ses beaux mēbres couverts : / Yeux, qui d'un sainct esgard contēplent à travers / Et des airs, et des cieux, l'Eternel face à face ». Lorenzo Spirito : *Libro della ventura*

Ces vers, prisés par Goulart[68], confirment combien l'imagination
bartasienne est d'ordre réaliste plus que d'ordre symbolique. Le
paon qui servait à représenter l'orgueil ou dans certains cas
l'immortalité[69], est ici traité par Du Bartas comme un simple
support de la visualisation. En même temps, les cieux et les planètes
sont prétextes à l'invention d'un tel rapprochement dans lequel B.
Braunrot reconnaît un « exemple particulièrement frappant de
l'élaboration et de la surcharge baroques »[70]. Le spectacle des cieux
exposé en termes si familiers, s'il gagnait en couleur, perdait en
grandeur. Une fois encore, un décalage se manifeste entre l'objet de
la description et la description elle-même. Entre ce qu'il contemplait
et ce qu'il écrivait un malaise même surgit, car la poésie élevée ne
saurait accueillir le développement systématique d'analogies
discutables. Du Bartas ne semblait pas rêver sur les mots, et les
comparaisons ne le portaient pas à entrevoir une autre forme de la
réalité. Aussi n'hésitait-il pas à multiplier les parallèles réalistes,
faisant notamment des astres les « oiseaux peinturez (qui) nagent
entre deux airs »[71] ou les « cloux d'un char, qui n'ot point
mouvement, / Que comme estant roulez d'un autre roulement. »[72].

Ces comparaisons célèbres témoignent du point de vue réaliste de
leur auteur qui, de manière délibérée, a opté pour une visualisation
à la fois sommaire, inexacte, et donc dangereuse, des lois
cosmiques. La quête symbolique où l'imagination dégage des
spectacles du monde une dimension nouvelle, est réduite chez lui à
l'unique affirmation de la présence divine. C'est pour cela qu'il est
parvenu à peindre, avec plus de justesse que d'autres, le fonctionnement de « ceste ronde machine, / Comme estant un miroir de la face
divine »[73], mais qu'il a échoué à en évoquer les mystérieux aspects.

Le mot « machine », qu'il appliquait au monde, est d'un emploi courant dans la poésie cosmologique. Du Bartas, en pro-
clamant que du Chaos est née une « machine nouvelle » et
« belle »[74], n'innovait pas. Seule la répétition de ce mot qu'il

---

ovvera della sorte, Milan, per Giovanni Legnano, 1500 (1re édition 1482,
Perugia), c. 23 recto : illustration du « Pavone » attribuée à Giovanni Pagani. Le
Paon fait la roue au centre d'une composition circulaire renfermant analogies et
correspondances.

68. B. Braunrot : *op. cit.*, p. 111.
69. G.G. Coulton : *Art and The Reformation*, Cambridge University Press,
1928, éd. de 1953, 622 p., chap. XIII : « Symbolism ».
70. B. Braunrot : *op. cit.*, p. 112.
71. *O.C.* : p. 90, *Première Semaine, Quatrième Jour*, vers 116.
72. *O.C.* : p. 91, *Première Semaine, Quatrième Jour*, vers 119-120.
73. *O.C.* : p. 14, *Première Semaine, Premier Jour*, vers 119-120.
74. *O.C.* : p. 38, *Première Semaine, Second Jour*, vers 294 et p. 167, *Première
Semaine, Septième Jour*, vers 139.

affectionnait a une valeur intéressante, dans la mesure où il correspondait dans son esprit à la totalité d'un processus physique. Alors que Ronsard était fasciné par les forces puissantes, sources de vie, Du Bartas était davantage réceptif aux résultats, à l'effet d'ensemble et aux lois de la création. « Miroir » de Dieu ou de l'« Archetype »[75], l'univers, par sa diversité autant que par tout ce qu'il enferme, donnait au poète de *La Sepmaine* des raisons supplémentaires de célébrer le Très-Haut, en rappelant inlassablement la merveilleuse organisation qu'Il a établie dans la matière, la nature, le cosmos, l'homme et l'histoire. Réceptif aux beautés engendrées par la volonté divine, il se plaisait à comparer le monde à une « docte eschole / Où Dieu son propre hōneur enseigne sās parole : »[76], à « une vis à repos, qui par certains degrez / Fait monter nos esprits sur les planchers sacrez »[77], à un « nuage »[78], à « un theatre, où de Dieu la puissāce / La Iustice, l'Amour, le Sçavoir, la Prudence / Iouēt leur persōnage, et cōme à qui mieux mieux, / Les esprits plus pesants ravissent sur les cieux »[79], à « un grand livre »[80] et à un « palais »[81]. Aucune originalité dans cette succession de clichés. Il faut toute l'habileté de l'écrivain pour qu'ils soient intégrés au développement. Le dernier rapprochement, aussi banal et usé que les autres, lui a servi à définir les cieux « ce palais superbe » qui « bien que fait d'un grād art, fust tombé vistemēt, / S'il n'eust eu pour plancher un humide element. / Car comme le cerveau tient la plus haute place / Du petit Univers, et que sa moite glace / Modere la chaleur des parties d'embas : / L'Eternel pour mesler avec le feu le glas, / Et temperer l'ardeur des flābeaux du grād Mōde, / Sur les cieux estoilez cambra ce iourd'huy l'ōde. »[82]. L'ouverture du *Sixième Jour* de *La Première Sepmaine* offre, avec des transformations substantielles, une présentation qui ne va pas sans rappeler les poèmes médiévaux :

> « Pelerins, qui passez par la Cité du mōde
> Pour gaigner la Cité, qui bien-heureuse abonde
> En plaisirs eternels, et pour anchrer au port

75. *O.C.* : p. 190, *Seconde Semaine, Premier Jour, Première Partie, Eden*, vers 365 et voir *supra* note 73.
76. *O.C.* : p. 14, *Première Semaine, Premier Jour*, vers 135-136.
77. *O.C.* : p. 15, *Première Semaine, Premier Jour*, vers 137-138.
78. *O.C.* : p. 15, *Première Semaine, Premier Jour*, vers 143-146.
79. *O.C.* : p. 15, *Première Semaine, Premier Jour*, vers 147-150.
80. *O.C.* : p. 15, *Première Semaine, Premier Jour*, vers 151-174.
81. *O.C.* : p. 16, *Première Semaine, Premier Jour*, vers 189.
82. *O.C.* : p. 58, *Première Semaine, Second Jour*, vers 1062-1070.

D'où n'approchèt iamais les horreurs de la mort :
Si vous desirez voir les beaux amphitheatres,
Les arsenals, les arcs, les temples, les theatres,
Les colosses, les ports, les cirques, les rampars,
Qu'on void superbemèt dans nostre ville espars :
Venez avecques moy. Car ce grand edifice
N'a membre, où tant soit peu luise quelque artifice,
Que ie ne le vous môstre... »[83]

La variété fait défaut ; on a l'impression de toujours rencontrer sous la plume de Du Bartas les mêmes comparaisons. Mais en considérant les détails, on est surpris de constater que le réalisme bartasien est à l'origine d'un remodelage des clichés comme dans ces vers décrivant la structure des cieux et le rythme d'une journée :

« Car les Cieux ne sôt point ensemble entrelassez,
Ains estans les plus bas des plus hauts embrassez,
Ils vont estrecissant la rondeur de leur ventre,
Selon que plus ou moins ils approchèt du centre :
Côme la peau des œufs sous la coque, et de rang,
Le blanc dessous la peau, le moyeu sous le blanc.
Or ainsi que le vent fait tournoyer les voiles
D'un moulin equippé de sou-souflantes toiles,
Des voiles la roideur anime l'arbre ailé,
L'arbre promeine en rond le rouet dentelé,
Le rouet la lanterne, et la lanterne vire
La pierre qui le grain en farine deschire :
Et tout ainsi qu'on void en l'horloge tendu,
Qu'un iuste contrepoids iustement suspendu
Esmeut la grande roue, et qu'encor elle agite
Par ses tours mainte roue, et moyenne, et petite,
Le branslant balancier et le fer martelant,
Les deux foix douze parts du vray iour esgalant :
Ainsi le plus grâd Ciel, dans quatre fois six heures
Visitant des mortels les diverses demeures,
Par sa prompte roideur emporte tous les cieux
Qui dorent l'Univers des clairs rais de leurs yeux
Et les traine en un iour par sa vitesse estrange
Du Gange iusqu'au Tage, et puis du Tage au Gange. »[84]

83. *O.C.* : p. 136, *Première Semaine, Sixième Jour*, vers 1-11 et p. 300, *Seconde Semaine, Second Jour, Troisième Partie, Les Colonies*, vers 573 « Car dans le clos sacré de la cité du Monde ».
84. *O.C.* : pp. 95-96, *Première Semaine, Quatrième Jour*, vers 297-320. L'image du « monde-horloge » était fréquente et avait déjà été employée avec plus d'originalité, notamment par N. Oresme : *Le Traité du Ciel et du Monde*, ms, B.N.,

Du Bartas systématise en les explicitant les comparaisons, si bien que le lecteur n'a pas la possibilité de rêver. En décidant délibérément de tout expliquer, l'écrivain réduit la part de l'imaginaire et fait du style une mécanique plaquée sur le réel. Cette tendance a été renforcée par les leçons qu'il a tirées, pour sa *Première Sepmaine*, du *Microcosme* de Scève et, pour sa *Seconde Sepmaine*, de *La Galliade* de La Boderie. Néanmoins, dans *Les Sepmaines*, le principe de l'activité imaginante demeure l'analogie qui ne cesse de favoriser l'établissement de rapports entre la hiérarchie du monde et celle de la société[85]. Si Du Bartas était tellement épris de classifications, ne serait-ce pas, qu'à la suite de Ronsard, il était conscient des méfaits de la guerre et du chaos et pensait que seuls l'ordre et la paix pouvaient contribuer à l'épanouissement de l'individu ? Par le recours à l'analogie, rien ne lui apparaissait inexplicable dans les cieux ni dans les activités humaines. En même temps, la crainte de voir s'effondrer le système cosmologique auquel il apportait son soutien, justifiait son attitude à l'égard de Copernic dont la faute principale était de détruire les fondements de la croyance anthropocentrique définie par la Bible. Le passage d'une antique conception du monde à une nouvelle théorie risquait de provoquer la fin de l'ordre.

S'il a désiré disposer et classer ce qu'il intégrait à son poème, Du Bartas, comme ses contemporains, a été également amené à considérer les changements incessants de la matière, facteurs de troubles et d'incertitudes. Les mutations de l'univers, thème que J. Rousset a étudié[86], ont préoccupé les poètes baroques, et plus généralement tous les écrivains du XVIe siècle. Dans la poésie bartasienne, où tout est constraste, où grandeur et bassesse se côtoient, où du désordre naît l'ordre, il est souvent fait allusion aux altérations et changements du monde sublunaire, régi par la lune, les planètes et les constellations. Le poète, bien qu'il ait condamné l'astrologie judiciaire[87], convenait de l'action des corps célestes sur le monde et le microcosme[88]. Après avoir dressé la liste des planètes, en précisant la nature de leur influence, il concluait :

---

fds fr., 1083, fol. 40, col. c., où elle servait à préciser une conception presque mécaniste des fonctionnements de l'Univers.

85. *O.C.* : p. 431, *Seconde Semaine, Troisième Jour, Quatrième Partie, Les Capitaines*, vers 1037-1040.

86. J. Rousset : *La Littérature de l'âge baroque en France. Circé et le Paon*, Paris, J. Corti, 1954, deuxième partie, pp. 79-157 : « La Vie en mouvement ».

87. *Les Œuvres Poetiques (...) de Du Bartas*, éd. citée de J. Choüet, 1608, pp. 44-45.

88. *O.C.* : pp. 97-98, *Première Semaine, Quatrième Jour*, vers 391-424.

« Bref, puis qu'il est ainsi que sur le clair visage
Du doré firmament on ne void presque image
Qui sur le monde bas ne verse evidemment
Pour fomēter ce Tout, maint et maint chāgemēt,
On peut coniecturer quelle vertu secrete
Decoule sur nos chefs de chacune Planete,
De chacun de ces feux que Dieu voulut ficher
Pour leur rare pouvoir chacun en son plancher. »[89]

Toutefois, c'est seulement au cours de *La Seconde Sepmaine* qu'il a mentionné les influx célestes en leur imputant notamment l'origine des maladies, suivant en cela l'opinion de La Boderie et une antique tradition[90].

L'affirmation que tout change sous la lune[91] s'accompagne de digressions poétiques dans un style qui est l'objet de transformations perpétuelles. Un accord s'instaure entre la genèse stylistique et l'idée à exprimer. Pour cette raison, les comparaisons éculées entre le cachet et Dieu, la cire et la matière, ne constituent qu'un point de départ sur lequel se greffe une série d'images ou d'exemples[92]. Il est normal dans ce contexte que Protée soit présent lors de la caractérisation de la matière :

« Immuable d'essence et muable de front,
Plus que n'est un Protee, et plus qu'encor ne sont
Les Poulpes cauteleux, qui sur l'ondeux rivage
Changent, pour butiner, chasque heure de visage. »[93]

Le Dieu des formes et des mutations voisine dans ces vers avec les poulpes, et plus loin avec « Lays dont le volage amour / Voudroit changer d'ami cent mille fois le iour, »[94]. Surprenante mention que celle de Lays, la célèbre courtisane de Corinthe. Si elle se conçoit aisément dans une perspective baroque, son apparition sous la plume de Du Bartas reste, dans la thématique sacrée du poème, d'un goût douteux, au point que Goulart s'est senti

89. *O.C.* : p. 99, *Première Semaine, Quatrième Jour*, vers 463-470.
90. *O.C.* : pp. 227-228, *Seconde Semaine, Premier Jour, Seconde Partie, Les Furies*, vers 473-516 et Guy Le Fèvre de La Boderie : *La Galliade, ou de la Revolution des arts et sciences*, Paris, Chaudière, 1578, Cercle I.
91. *O.C.* : p. 54, *Première Semaine, Second Jour*, vers 909-914.
92. *O.C.* : pp. 36-37, *Première Semaine, Second Jour*, vers 189-226.
93. *O.C.* : p. 36, *Première Semaine, Second Jour*, vers 207-210.
94. *O.C.* : p. 37, *Première Semaine, Second Jour*, vers 215-216.

obligé d'indiquer que d'« aucuns eussent desiré que le poete eust emprunté sa similitude de q̃lque autre chose que ceste-ci (Lays) (sous laquelle il entend tout impudique qui court tousiours au change) pour donner à entendre les changemens de la matiere prenant nouvelles et continuelles formes. »[95]. Le commentateur n'est cependant pas vraiment gêné par la comparaison de Du Bartas car, habilement, il lui prête un sens allégorique en plus du sens littéral. On observe alors que les différentes images, élevées ou basses, recherchées ou familières, sont l'illustration directe de la constatation selon laquelle tout est susceptible de changer. L'image naît de l'image, mais le transfert de l'une à l'autre est le lieu premier où s'exprime la puissance des forces du changement et de l'illusion. Le spectacle des formes, on le devine, a donc attiré le poète, toujours prêt à traduire en termes de mouvement les notions et les lois touchant à l'histoire du monde et à celle des hommes :

> « Et comme quand l'orage esmeut la mer profonde
> Le flot chasse le flot, et l'onde choque l'onde,
> Toutes les nations s'entrepoussent des bras :
> L'un peuple chasse l'autre, et le second n'est pas
> Sur l'huis de la maison dont il pense estre maistre
> Qu'un troisiesme le fait sauter par la fenestre. »[96]

L'histoire de la culture, la *translatio studii*, de Babylone à Paris, s'est, elle, répandue comme les ondes produites par un « caillou qui, lissé, tombe en l'eau »[97]. En faisant du style le support physique de l'idée et de la représentation, Du Bartas a exploré les ressources du vers afin de tisser une identité logique entre les mouvements divers affectant le cosmos et son propre poème. Les mots ne s'émancipent ni des choses ni des idées ; ils restent au contraire, dans l'orchestration savante qui nous est proposée, des lieux où le monde se dit et où l'expression devient une allégorie des liens établis entre le livre de l'univers et celui du poète. Cette forme d'imagination aboutit à une mise en évidence de la complémentarité existant entre les formes de la vie, les idées, et le style, comme si un processus organique commun les gouvernait.

La reconnaissance de la mutabilité inhérente à la vie du cosmos ne signifiait pas pour autant le triomphe du désordre qu'il a imaginé

---

95. *Œuvres Poétiques (...) de Du Bartas*, éd. citée de J. Choüet, 1608, p. 108.
96. *O.C.* : p. 289, *Seconde Semaine, Second Jour, Troisième Partie, Les Colonies*, vers 129-134.
97. *O.C.* : pp. 292-297, *Seconde Semaine, Second Jour, Troisième Partie, Les Colonies*, vers 247-464, 283.

en dépeignant ce qui surviendrait « si d'un riē les corps prenoyēt naissance, »[98]. Il n'envisage pas la destruction de tout ordre, car sa remise en cause de l'évolution du monde reste hypothétique. Le seul désordre qu'il accepte d'assumer et de reconnaître, de cultiver aussi, c'est celui de son écriture ; qu'on ne s'y trompe pas cependant : le style, émaillé de contrastes, de trouvailles, de faiblesses et d'accélérations, qui se dessine dans *La Sepmaine* résulte d'un travail d'orfèvre où l'idée se déploie magistralement, avec une préciosité inattendue.

Les critiques acerbes, comme les louanges dithyrambiques adressées au poète de la divine *Sepmaine,* ont souvent porté sur sa science, son érudition et la formulation qu'il en donnait. Tandis que Sorel remarquait qu'il avait largement utilisé « l'histoire naturelle de Pline »[99], les poètes scientifiques, émules de Du Bartas, comme D. Oriet[100] ont célébré son entreprise encyclopédique. Pour ces derniers, *La Sepmaine* était le modèle qu'il importait d'imiter pour mériter d'être rangé parmi les doctes.

Au XVIe siècle, être qualifié de « savant » est un honneur pour les poètes. Devant les merveilles du monde, nombre d'entre eux ont eu le sentiment qu'il leur incombait de découvrir au profane les fondements et le fonctionnement de la réalité. C'est parce qu'ils se souciaient davantage du cosmos, de l'extérieur, que de leur intériorité, qu'ils partageaient le même enthousiasme pour la littérature scientifique dont la fonction était l'explication de leur vision du monde et de leurs croyances.

Lecteur d'Isidore de Séville, de saint Thomas d'Aquin et de Pline, Du Bartas a souhaité qu'« Encyclopedie » le couronne[101] et a désiré retrouver le savoir des premiers hommes[102]. Dans « *Babylone* », il rappelait l'importance que lui et son époque ont attachée aux lan-

---

98. *O.C.* : p. 35, *Première Semaine, Second Jour,* vers 157.

99. C. Sorel : *Remarques sur le XIIIe Livre du « Berger Extravagant »,* éd. citée, p. 647.

100. D. Oriet : *La Suzanne,* éd. citée, p. 146 : « Souvien-toi de ton Bartas, / Qui ne voirra le trespas / Par son plus divin ouvrage, / Ià fait enfant des hauts cieus, / Pour admirer de mille yeus / Ce sien non humain courage. / Son plus angelique vœu / Va iusque dedans le feu / Du Soleil : et puis sa braise / Tout au profond du giron / De l'Ocean il appaise / Sans nef vogant d'aviron. / Arboriste d'une main / De terre foüille le sein : / Et comme un trait sa parole. / Constant de l'air les oiseaux, / Tempestes, gresles, ruisseaux, / S'en vient d'un à l'autre pole : / Pour annoncer tout par tout / Ce que tient de bout en bout / Cette grande boule ronde : / Pour se souvenir plus fort / De l'autheur de tout ce monde, / Qui par sang vainquit la mort. ».

101. *O.C.* : p. 274, *Seconde Semaine, Second Jour, Seconde Partie, Babylone,* vers 249.

102. *O.C.* : p. 183, *Seconde Semaine, Premier Jour, Première Partie, Eden,* vers 225-226 ; *Critique,* n° 387, août-septembre 1979.

gues « originelles » et à l'universalité du savoir. « *Babylone* » et « *La Magnificence* » sont en fait un hymne à la science. Il y a dans l'œuvre bartasienne l'idée d'un progrès, d'une évolution que les arguments et exemples des « *Colomnes* » et des « *Colonies* » illustrent, sans pour autant entraîner l'écrivain à adopter un point de vue moderne. En vain rechercherait-on dans sa production les pouvoirs libérateurs de la science antique, car il restait convaincu que la science était unie à la religion. Dès lors il limitait son effort à de vastes dénombrements que le plan même de *La Sepmaine* favorisait.

Au fil de *La Création du monde*, se succèdent la description des plantes et de leurs propriétés, celle des ressources terrestres, des constellations, des animaux et de l'homme. Précisions, détails érudits abondent dans ces développements qui avaient pour but de montrer l'étendue de la création divine. Si l'espace est limité, le monde borné, le classement des merveilles de la nature est lui quasi infini d'autant que l'histoire des peuples dans *La Seconde Sepmaine* élargit le domaine de la science. On comprend que le poète se soit lui-même lassé de l'ample programme qu'il s'était fixé et qu'il ait évoqué avec regret « l'heur du bien aisé rustique »[103]. Pourtant la volonté de tout dire ne l'a pas quitté, si bien qu'il a multiplié les dénombrements scientifiques où le merveilleux et l'actualité s'imbriquaient parfois. C'est ainsi que la louange du cocotier[104] qui fait songer à l'éloge du chanvre par Rabelais et annonce le poème du quinquina de La Fontaine, peut prêter à sourire. La crédulité de Du Bartas et son manque d'esprit critique, en partie compréhensibles si le lecteur se souvient de la confusion permanente entre science et merveilles tout au long du XVIe siècle, l'ont conduit à soutenir des propositions discutables, ridicules et erronées justifiant les remarques de C. de Gamon[105]. Il y a dans *La Sepmaine* confusion trop facile entre science et rêverie sur la science. En ce sens, il était tributaire de structures mentales qui le détournaient du monde moderne et l'emprisonnaient dans une conception fixiste de l'univers où chaque chose était à la fois elle-même et allégorie d'une autre réalité.

---

103. *O.C.* : p. 85, *Première Semaine, Troisième Jour*, vers 973 ; Guide (Philibert) : *La Colombiere et la Maison Rustique de Philibert Hegemon, de Chalon sur Saone : contenant une description des douze Mois, et quatre Saisons de l'annee : Avec enseignement de ce que le Laboureur doibt faire par chacun mois. L'Abeille Françoise du mesme Autheur. Ses Fables Morales et autres Poësies. Et les louanges de la vie Rustique, extraites des Œuvres de G. de Saluste, Sieur du Bartas*, Paris, R. Le Fizelier, 1583, pp. 34 recto-35 verso.
104. *O.C.* : pp. 79-80, *première Semaine, Troisième Jour*, vers 715-740.
105. C. de Gamon : *La Semaine, ou Creation du monde (...) contre celle du Sieur du Bartas*, éd. citée, pp. 114-115.

La symbolique à la Renaissance était très prisée et Du Bartas, comme la majorité des auteurs de son temps, a été persuadé que la réalité était à plusieurs niveaux et que les plantes, les animaux et les métaux possédaient leur signification spirituelle. Il a mentionné par exemple la symbolique du Pélican, du Phénix, du Griffon respectivement associés à la Rédemption, à la Résurrection et aux misères de la vie. L'aigle, bien sûr, est le roi des animaux de l'air au même titre que le lion et le dauphin sont les maîtres des animaux terrestres et aquatiques[106]. La succession de listes où figurent animaux, plantes, métaux, pays, peuples, planètes, manque cependant d'originalité. Du Bartas en employant ce procédé a suivi, d'une part, les options ronsardiennes exigeant du poète une connaissance de toutes choses, et d'autre part, les implications de son sujet : la Création.

En contemplant la nature et le cosmos, il a entonné les louanges du Créateur : chaque notation savante, chaque énumération érudite de merveilles ou de créatures renforçait la glorification du Seigneur. En dernière analyse, l'érudition devenait le support de la religion. On comprend mieux alors le dessein de Du Bartas qui devant le développement de l'esprit sceptique et de l'athéisme a eu recours aux classifications les plus traditionnelles comme les plus inusitées pour séduire les âmes. Mais parce qu'il était poète, soucieux de plaire autant que de convaincre, il a essayé d'accorder la science aux élans de sa sensibilité et aux formes de son imagination.

Si pour décrire le chaos Du Bartas avait eu l'intuition d'utiliser la *via negationis*[107], il a également employé des procédés plus anodins pour donner une impression de fluidité à l'ensemble de sa production. Comme G. Genette l'a noté, dans l'ouverture de *La Sepmaine,* le poète a spatialisé l'eau en la combinant avec les formes de la matière qui naissaient[108]. L'eau semble son élément de prédilection, élément constitutif de la mer du monde et de « la mer de tant d'evenemens »[109]. Aussi est-il normal qu'il définisse l'activité

---

106. *O.C.* : pp. 125-131, *Première Semaine, Cinquième Jour,* vers 551-598 : Le Phénix ; vers 670-704 : le Griffon ; vers 751-784 : Le Pélican ; vers 901-912 : l'Aigle et p. 131, vers 903-908 il précisait son principe de classement : « Ie sçai bien que tu tiens tel rang parmi la troupe, / Qui de l'air orageux les plaines entrecoupe, / Qui fait le Basilic, ou le Dragon fumeux, / Entre les escadrons des serpens venimeux : / Que le Lyon parmi les bestes forestieres / Et le camus Dauphin parmi les marinieres. »

107. C'était là un procédé de présentation hérité du style théologique.

108. G. Genette : « Ordonnance du chaos », pp. 43-50 dans *Mouvements Premiers. Études offertes à G. Poulet,* Paris, Corti, 1972, où il s'attachait aux trente-six premiers vers du *Premier Jour* de *La Semaine.*

109. *O.C.* : p. 168, *Première Semaine, Septième Jour,* vers 193.

poétique par le biais de l'image rebattue de la nef dirigée par Dieu, le « Pilote sainct »[110].

Plus remarquable est la relation qu'il a établie entre la vie et l'eau. Si Dieu est « la fontaine » de la vie, les eaux elles sont partout présentes, sur terre comme dans le ciel. Ce qui traduit le mieux la sensibilité bartasienne, c'est probablement la peinture de l'eau en mouvement. Lors du *Troisième Jour*, célébrant « la nature / Du liquide Ocean, »[111], il se sentait littéralement submergé :

> « ... Mais voi comme la mer
> Me iette en mille mers, où ie crains d'asbimer,
> Voi come son desbord me desborde en parolles ! »[112]

Au cours de ce jour et dans la suite du poème, il a cultivé les images et les comparaisons aquatiques aptes, plus qu'aucune autre, à rendre compte de la mouvance des compositions matérielles. Une alliance secrète s'instaurait entre l'eau, le mouvement et l'idée que tout est changeant dans le monde sublunaire. Une telle union, pleinement satisfaisante pour la sensibilité du poète, donne plus de vie à la description, même lorsque l'intérêt pictural l'emporte sur la qualité philosophique, comme dans ce passage décrivant la traversée de la mer Rouge par les Hébreux :

> « La marine obeit, et ia les flots tancez
> S'eslevent jusqu'au ciel l'un sur l'autre entassez.
> Au milieu d'eux se fait une grande tranchee
> Par ie ne sçai quel vent en un moment sechee,
> Ou plustost un vallon pavé de sable d'or
> D'esclats d'un luisant nacre, et de perles encor,
> Et flanqué de deux parts d'une longue muraille
> De rocher de crystal. La fidele bataille
> Entre en ce gué sans eaux, et dans les flots mutins
> Ne teint point tant soit peu le cuir de ses patins.
> Hé ! Quel songe est-ce-ci ? (dit la race Isacide,)
> La mer craint un bastõ, Thetis n'est point humide,
> L'abisme est un chemin, l'Ocean pend en l'air,
> Les flots bastis à plomb ne peuvent s'esbranler,
> Un seul mot fait soudain un double mur de verre

110. *O.C.* : p. 178, *Seconde Semaine, Premier Jour, Première Partie, Eden*, vers 14.
111. *O.C.* : p. 62, *Première Semaine, Troisième Jour*, vers 17-18.
112. *O.C.* : p. 67, *Première Semaine, Troisième Jour*, vers 215-217.

Qui ioint les champs d'Aden à l'Arabesque terre :
Le soleil tout-voyant void ore un nouveau fóds,
Et l'enfant marche au sec où s'esbatoyët les Thós. »[113]

Des procédés réalistes, identiques à ceux mis en œuvre dans les vers ci-dessus, se retrouvent dans l'évocation du châtiment de Sodome où le feu est, plus d'une fois, peint par l'intermédiaire d'un registre lexical propre à l'eau :

« Il pleut sur ce terroir non les pluyes fecondes,
Qui faisayent qu'en Esté tant de iavelles blondes
Tóbáts s'entrechoquoyët, et q̃ rēdoyent les corps
Rafraischis d'un doux air, et plus gais, et plus forts :
Ains chet dans cet enfer de tous vices le gouffre,
Une pluye de sel, de flammes, et de soulfre.

Chaque goutte du Ciel est un grõdant tonnerre,
Merveilleux chastiment ! un estang spacieux,
Croupit sur les citez canonnees des cieux :
Un flot nõ plus flottant, dont la pesteuse haleine.
Empunaisit le ciel, et deserte la plaine :
Un lac qui sur son dos ne porte des vaisseaux
Des oiseaux sur son bord, des poissons dãs ses eaux : »[114]

Il se produit donc une appropriation par l'eau des champs de l'imagerie, qui confère à la rêverie bartasienne une indéniable originalité. Dans ce bonheur éprouvé face à l'élément liquide, Du Bartas a tendance à se laisser emporter par son imagination. C'est ainsi que la *translatio studii*, idée chère à la Renaissance, lui fournit l'occasion de relier sa philosophie de l'histoire au dynamisme de l'eau qui le fascine :

« Car comme le caillou, qui lissé, tombe en l'eau
D'un vivier sommeilleux, forme un petit aneau
A l'entour de sa cheute, et qu'encor il compasse
Par le doux mouvement qui glisse en la sur-face
De cest ondelé marbre, et crystal tresmoussant,
Une suite de ronds, qui vont touiours croissant

113. *O.C.* : pp. 386-387, *Seconde Semaine, Troisième Jour, Troisième Partie, La Loy*, vers 619-636.
114. *O.C.* : pp. 354-355, *Seconde Semaine, Troisième Jour, Première Partie, La Vocation*, vers 1137-1142, 1161, 1199-1204.

> Iusqu'à tant qu'à la fin des cercles le plus large
> Frappe du fleuve mort et l'un et l'autre marge :
> Du centre de ce Tout, qu'ici ie fiche au bord
> Des ondes, où nasquit des langues le discord,
> L'homme de iour en iour cultivant sa prudence,
> Fait couler tous les Arts par la circonference
> A mesure qu'il croist, et qu'en troupeaux divers
> Il esseme fecond par ce grand Univers. »[115]

L'effort de l'imagination a abouti là à une réussite par l'établissement d'une concordance entre l'idée, son expression et l'eau, à la fois élément et support de la comparaison.

Qu'il décrive le passage de la mer Rouge, la nef du poète, ou l'évolution de la culture, Du Bartas ressent l'exigence d'une parole adéquate, d'un verbe précis qui ne s'éloigne jamais de l'eau et des images qu'elle lui suggère. On remarque que tout en rêvant sur l'élément fluide, le poète n'est pas toujours parvenu à s'en libérer totalement. Il ne s'est pas non plus véritablement laissé emporter, il se contrôle, reste maître de ses moyens et de son écriture. Il ne faut pas parler de rêverie matérielle, au sens où l'entendait Bachelard, qui n'a pas mentionné un seul exemple emprunté à Du Bartas dans *L'Eau et les rêves*, mais plutôt de rêverie organisée dans laquelle l'eau, élément de transition, favorise l'éclosion de la poésie cosmologique, celle qui expose la faiblesse de l'homme et de l'univers, altérés par le changement. Toutefois, ce n'est pas une surprise, la poésie bartasienne s'oriente vers une problématique plus traditionnelle, celle de l'harmonie du monde.

Les images renvoyant au thème de l'*harmonia mundi* étaient particulièrement appréciées des poètes scientifiques, lecteurs ou traducteurs, comme La Boderie, du traité de Georges de Venise consacré à l'explication musicale des rapports harmonieux entre l'homme, l'univers et la divinité[116]. On observe que si dans *La Première Sepmaine* de telles images sont rares, elles augmentent dans *La Sepmaine* suivante où elles commandent l'organisation de nombreux passages. On peut supposer, avec quelque vraisemblance, qu'entre les deux *Sepmaines*, Du Bartas a lu *La Galliade, ou de la Révolution des arts et sciences*, ouvrage dans lequel La Boderie, traducteur de Georges de Venise, avait multiplié les métaphores musicales[117].

115. *O.C.* : p. 293, *Seconde Semaine, Second Jour, Troisième Partie, Les Colonies*, vers 283-296.

116. G. Le Fèvre de La Boderie traduisit le traité de Georges de Venise : *L'Harmonie du Monde (...)*, Paris, J. Macé, 1578, intro-Préface-850 p.

117. G. Le Fèvre de La Boderie : *La Galliade, ou de la Révolution des arts et sciences*, éd. citée, Cercle IV, pp. 79 verso-95 recto.

Au début du *Second Jour* de *La Première Sepmaine*, de manière très conventionnelle, Du Bartas, pour symboliser l'union des éléments écrivait :

> « Donques puis que le nœud sacré du mariage,
> Qui ioint les elemens enfante d'aage en aage
> Le fils de l'univers, et puis qu'ils font mourir
> D'un divorce cruel tout ce qu'on void perir :
> Et changeant seulement et de rang et de place,
> Produisent inconstans, les formes dont la face
> Du mōde s'embellit : Cōme quattre ou cinq tons,
> Qui diversement ioincts, font cent gēres de sons :
> Qui par le charme doux de leur douce merveille
> Emblent aux escoutans, les ames par l'oreille : »[118]

Unique dans *La Première Sepmaine*, cette comparaison, d'origine platonicienne, n'a aucune valeur remarquable tant elle était commune. En revanche, dans *La Seconde Sepmaine*, les références et métaphores musicales traduisent plus certainement un point de vue, une vision de l'univers et de la Création. Musique au « teït mignard », au « pied qui fretillard / Semble tousiours danser » avec autour d'elle « les guitterres, les fluttes, / Les cistres, les cornets, les luths, les saquebutes, / Et les lyres »[119], par les accords qu'elle engendre, donne par analogie une représentation de l'équilibre du monde. Aussi, à la suite des platoniciens, de La Boderie, et de P. de Tyard, Du Bartas pouvait-il ainsi définir l'univers et l'homme :

> « Avāt que nostre Ayeul d'une impudente audace
> Monstre le dos à Dieu, au couleuvre la face,
> Tout ce grand univers, semble estre un instrument
> Bien monté, bien d'accord, pinceté doctement,
> Et dont la symphonie admirablement douce
> Sonne le los de Dieu, qui le bat de son pouce.
> L'homme en servant à Dieu, est du Monde servi,
> Les corps morts et vivans, taschent comme à l'ēvi
> A nourrir ceste paix et d'une amour extreme,
> Cherissās ces deux chefs s'ētr'embrassēt eux-mesme,
> Le bas d'un sainct accord resonne avec le haut :
> Le liquide et le sec, la froidure et le chaut

118. *O.C.* : p. 37, *Première Semaine, Second Jour*, vers 245-254 et p. 39, vers 305-314 où il peint la danse des éléments.
119. *O.C.* : p. 321, *Seconde Semaine, Second Jour, Quatrième Partie, Les Colomnes*, vers 680-683.

Symbolisent ensemble : et l'innocente Astree
Lie tout du Mastic d'une amitié sacree.

Mais l'homme comme estāt la principale corde
Du Luth de l'Univers, trop tendu desacorde
Tout le reste des nerfs : et fait qu'ores il rend
Pour un air enchanteur un murmure si grand,
Qu'Enyon s'en estonne, Enyon qui cruelle
Les antiques debats du Chaos renouvelle. »[120]

L'image du « Luth de l'Univers » et surtout l'argument des « *Furies* », très voisin de celui d'un texte de La Boderie[121], attestent clairement que Du Bartas a fait sienne une vision musicale du monde reprise par Du Monin et, plus tard , par R. Fludd et le Père Mersenne[122].

Du Bartas n'a toutefois ni la conviction de La Boderie, ni l'enthousiasme de Fludd et la lecture musicale du cosmos paraît artificielle dans son œuvre. Il semble que l'influence de La Boderie l'ait contraint à intégrer à son poème un hymne à l'Harmonie. Peut-être l'a-t-il fait d'autant plus volontiers que son inspiration personnelle s'épuisait et que le thème classique de l'*harmonia mundi* s'avérait commode pour célébrer la Création assujettie « au son du luth de Dieu »[123]. La question reste entière, car il n'y a pas

120. *O.C.* : pp. 216-217, *Seconde Semaine, Premier Jour, Troisième Partie, Les Furies*, vers 17-30, 45-50 et *Les Œuvres Poetiques (...) de Du Bartas*, éd. citée de J. Chöuet, 1608, p. 10 recto, Sonnet sur le luth : « Dieu bandāt ce grand Tout d'invisibles tēdons, / En fit un Lut garni de tout son équipage, / La table de ce Lut fut son divin estage, / La rosette, les yeux des celestes brandons. / La terre et l'Ocean furent les gros bourdons, / La chanterelle, l'aer, le reste du cordage / Furent les corps meslés, et là de maint passage / Son pouce fit bondir ses eternels fredons. / Mille accords ravisās par ce rond s'espandirent, / Que fleuves, et rochers et forests entendirent, / Sous des ars si nombreux allans à pas contés. / Les hommes estoyent sourds à la musique auguste, / Quand pour les esveiller Dieu suscita Saluste : / Saluste l'Echo sainct de ses divins motetz. ».
121. G. Le Fèvre de La Boderie : *La Galliade, ou de la Revolution des arts et sciences*, éd. citée, Cercle I, pp. 26 recto-30 recto et Cercle III, pp. 45 verso et suivantes.
122. J. Dauphiné : « L'image musicale de l'homme et du monde dans quelques textes du XVIᵉ siècle », *Annales Faculté des Lettres de Nice*, 1974, n° 22, pp. 53-68. Il est difficile d'admettre que l'absence d'images musicales dans *La Première Semaine* résulte d'un jugement moral semblable à celui énoncé par Lambert Daneau dans son *Traité des Danses, Auquel est amplement résolue la question, assavoir s'il est permis aux Chrestiens de danser*, Paris, I, Pierre, 1580, 2ᵉ édition, 99 p.
123. *O.C.* : p. 312, *Seconde Semaine, Second Jour, Quatrième Partie, Les Colomnes*, vers 286.

de réponse simple pour ce poète du XVIe siècle qui refusait l'imitation servile et reproduisait néanmoins les platitudes des manuels
et traités scientifiques.

La peinture du cosmos et sa conception dans la poésie
bartasienne demeurent traditionnelles. Les cycles de la Création,
tels que les concevaient les hommes du Moyen Age et les anciens,
ont de manière quasi organique guidé les efforts du poète de *La
Judith*. Le poète cependant a su revivifier par sa rêverie un héritage
de clichés et de représentations usées. C'est parce qu'il est ébloui
par tout ce qu'il contemple que son œuvre rend compte des objets,
de la nature et des êtres et que son verbe aide à définir les analogies
profondes de structure entre les différents mondes distingués par la
vision cosmologique du XVIe siècle. Par la parole, il fait pénétrer
le lecteur dans la réalité mystérieuse de la Création qu'il déchiffre et
éclaire. S'il y a dans son essai des longueurs, des platitudes et des
maladresses au milieu d'inventions et de richesses non négligeables,
cela provient d'une écriture qui se cherche, d'un art du regard qui
évite mal l'écueil de la facilité et révèle une inadéquation entre le
style et l'expérience littéraire. Mais l'expression poétique garde sa
valeur et son autonomie, sa beauté aussi, puisque pour Du Bartas
écrire, c'est maintenir la gloire de Dieu qui se manifeste des étoiles
jusqu'à l'homme.

3.— L'HOMME

Au *Sixième Jour* de *La Première Sepmaine,* en conformité avec
l'ordre de *La Genèse,* Du Bartas a traité des animaux et « du petit
mōde, qu'est l'homme pour lequel Dieu avoit crée le reste »[124], en
insistant sur la perfection du microcosme, preuve suplémentaire de
la bonté et puissance divines. Dans *La Seconde Sepmaine,*
l'homme a péché et de ce fait l'auteur a rappelé ses faiblesses, ses
souffrances et ses vices. Le point de vue théorique de *La Première
Sepmaine* et celui moralisateur de la seconde ne sont pas opposés,
mais complémentaires. En célébrant les harmonies du microcosme,
Du Bartas n'ignorait ni les défauts ni les qualités de ce roi de la
création qu'est l'être humain. C'est un poète lucide, qui a médité sur
la conduite et la condition humaines, que l'on voit réfléchir dans *Les
Sepmaines* où se forge, avec de nombreuses nuances et des touches
parfois contradictoires, un homme nouveau, un homme moderne.

---

124. *O.C.* : p. 135, Argument du *Sixième Jour* de *La Première Semaine.*

A la suite des penseurs médiévaux et des humanistes, Du Bartas s'est attardé à souligner la composition de « l'humain bastiment », formé comme le cosmos des quatre éléments :

> « En nous se void le feu, l'air et la terre et l'onde :
> Et bref l'hõme n'est riẽ qu'un abbregé du Mõde,
> Un tableau r'accourci, que sur l'autre univers
> Ie veux ore tirer du pinceau de mes vers. »[125]

Un tel dessein le conduit à reprendre la thématique identifiant l'homme à un « second Dieu »[126] dont la supériorité réside dans l'âme, cette « cinquiesme essence »[127] que la divinité précisément lui a octroyée. « Roy des animaux »[128], il est le maître de la nature et, par le langage, s'approprie les domaines de la réalité[129]. Du Bartas, avec un grand luxe de détails traditionnels, s'est ingénié à rapporter les multiples aspects de l'être humain, soucieux même de procéder à « une ample reveuë / Des mẽbres que l'ouvrier desrobe à nostre veuë »[130], au cours de laquelle, il a loué notamment les yeux, la bouche, les oreilles, les mains, le foie, le cœur, les poumons. Il n'y a là que des notations éculées et une succession de platitudes et de poncifs. Rares sont les moments où la justesse de ton introduit quelque chose de neuf comme dans ces six vers :

> « Tout de mesme le sang, et le bon aliment,
> Par tout le corps humain courans diversement,
> S'allongent ore en nerf, ore en os s'endurcissent,
> S'estendẽt ore en veine, ore en chair s'amollissent,
> Se font ici mouelle, ici muscle, ici peau,
> Pour rẽdre nostre corps, et plus fort, et plus beau. »[131]

L'adéquation entre le rythme, le vocabulaire et l'évocation du système sanguin dont il veut rendre compte s'instaure grâce à une meilleure visualisation de la naissance des veines, des os, de la peau. Le vœu de composer une « physiologie Chrestienne »[132]

125. *O.C.* : p. 146, *Première Semaine, Sixième Jour*, vers 407-410.
126. *O.C.* : p. 147, *Première Semaine, Sixième Jour*, vers 462.
127. *O.C.* : p. 154, *Première Semaine, Sixième Jour*, vers 713.
128. *O.C.* : p. 148, *Première Semaine, Sixième Jour*, vers 483.
129. *O.C.* : p. 159, *Première Semaine, Sixième Jour*, vers 927-934.
130. *O.C.* : p. 153, *Première Semaine, Sixième Jour*, vers 701-702.
131. *O.C.* : p. 153, *Première Semaine, Sixième Jour*, vers 695-700.
132. *Les Œuvres Poetiques (...) de Du Bartas*, éd. citée de J. Choüet, 1608, p. 667 Goulart commente en ces termes le passage de *La Première Sepmaine,*

impliquait d'abord la réalisation d'une étude physiologique de l'homme, de sorte que la dissection du corps humain[133] était aux yeux de l'écrivain, au moins aussi importante que sa louange. C'est pour cela qu'il s'est astreint aux analyses détaillées et rébarbatives d'un organe ou d'un membre, qui lassent ou ennuient le lecteur d'aujourd'hui. Il est de peu de conséquence de parcourir ces pages concernant le nez, la bouche défendue par les dents, « forte palissade »[134], les mains... L'intérêt de cette « poésie », réceptacle de lieux communs pseudo-anatomiques, est limité et ce n'est que lorsque l'imagination transfigure la présentation conventionnelle qu'apparaissent ici et là d'heureuses formulations comme celle définissant le langage :

> « Nostre langue est l'archet, nostre esprit le sonneur,
> Nos dents les nerfs batus, le creux de nos narines,
> Le creux de l'instrument, d'où ces odes divines
> Prenent leur plus bel air, et d'un piteux accent
> Desrobent peu à peu la foudre au Tout-puissant. »[135]

En acceptant « la philosophie du microcosme », Du Bartas a accueilli en même temps images et clichés qui en étaient les figurations. La recherche d'une inspiration plus personnelle reste décevante dans *La Première Sepmaine*, tandis qu'elle s'enrichit dans les poèmes ultérieurs. Ce n'est que lorsque la perspective historique l'emporte sur la quête cosmologique que le poète parvient à une indépendance réelle. A travers l'histoire qui met en évidence les faiblesses de l'homme, Du Bartas, comme Shakespeare, a trouvé des accents plus personnels pour condamner l'homme ou l'exalter.

Septième Jour, vers 435-510 : « Le poete propose, ou pose les fondemens d'une physiologie Chrestienne, aprenant aux lecteurs à considérer d'un œil espuré par la foy les creatures de Dieu. Or il s'est contenté d'en choisir quelques unes, pour donner entree à la contemplation des autres. Comme nous voyons en divers endroits de l'escriture saincte les Creatures nous estre mises devant les yeux, afin de nous eslever comme par degrez au Createur et à la méditation des saincts mysteres de nostre salut. (...) Brief ceste physiologie seroit une belle anagogie de la doctrine de la Loy et de l'Évangile. »

133. *O.C.* : p. 153, *Première Semaine, Sixième Jour*, vers 703 : « Ie ne veux despecer tout ce palais humain ».

134. *O.C.* : p. 150, *Première Semaine, Sixième Jour*, vers 568. C'était là une métaphore courante que nous retrouvons notamment chez Pierre Viret : *Exposition de la doctrine de la Foy Chrestienne*, (...) dialogue XIV, pp. 303-342 : « De la langue, et des offices d'icelles. », p. 319 : « ... Car les machoires et dents sont comme les meules des moulins ».

135. *O.C.* : p. 151, *Première Semaine, Sixième Jour*, vers 594-598.

Entre la place occupée par le « Roy des animaux » dans l'univers et son comportement écervelé, il y a une irréductible contradiction que la Chute seule explique. Après le péché originel, l'homme a pénétré dans un monde hostile. Le Paradis Terrestre est devenu un songe et Adam, accablé par un « Orion de maux »[136] vit sur « la ronde machine », « vray magazin de la fureur divine. »[137]. La mort sur laquelle il avait puissance le frappe[138]. Dieu dont il comprenait la grandeur et les mystères lui est maintenant opaque et insondable. De sa native grandeur, Adam, symbole de l'humanité, n'a conservé que le langage[139]. Aussi les hommes, ses descendants, sont-ils comme lui jetés sur la scène du monde où se déroule l'histoire sanglante des luttes fratricides[140] que Du Bartas a dépeintes au cours de *La Seconde Sepmaine*, en sélectionnant événements et épisodes caractéristiques.

Tout aussi intéressantes et révélatrices sont les images assignées à la description de l'homme. Qu'il soit comparé à une corde du luth de l'univers, à une nef ballottée par les vents, à la poussière ou à un vermisseau[141], il est clair que Du Bartas n'a pas innové et s'est

136. *O.C.* : p. 197, *Seconde Semaine, Premier Jour, Première Partie, Eden*, vers 659.

137. *O.C.* : p. 219, *Seconde Semaine, Premier Jour, Troisième Partie, Les Furies*, vers 109-110.

138. *O.C.* : p. 199, *Seconde Semaine, Premier Jour, Première Partie, Eden*, vers 711-718 : « Immortel, et mortel Adam donques nasquit. / Immortel ; il mourut et mortel il vesquit. / Car avant les effects de sa rebelle offense, / Mourir, et non mourir, estoyent en sa puissance. / Mais depuis qu'il osa de Dieu l'ire encourir, / Las, mourir il peut bien, mais non pas nõ mourir : / Comme au contraire, après sa seconde naissance, / Il aura seulement de non mourir puissance ».

139. *O.C.* : pp. 278-279, *Seconde Semaine, Second Jour, Seconde Partie, Babylone*, vers 413-434.

140. *O.C.* : p. 24, *Première Semaine, Premier Jour*, vers 511-512 : « O Nuict, tu vas ostant le masque et la feintise, / Dõt sur l'humain theatre en vain on se deguise » ; p. 269, *Seconde Semaine, Second Jour, Seconde Partie, Babylone*, vers 1-12 ; et p. 526, *Seconde Semaine, Quatrième Jour, Quatrième Partie, La Décadence*, vers 321-323 : Athalie menance ainsi Joas « Ie te mettroy par terre : et toy ieune folastre, / Non tu ne iouëras plus sur si riche Theatre, / De Roy le personnage ». L'image du « théâtre du monde » sera au cours du XVIIᵉ siècle toujours employée, mais de manière plus plate comme dans ces vers du Père Le Moyne : *Les Œuvres Poétiques*, Paris, T. Jolly et S. Bernard, 1671, 450 p., p. 279 : « Le Monde est un Theatre ouvert aux yeux des Sages : / La Scene en est diverse et de divers étages : / Les uns plus lumineux, plus hauts, plus étendus, / Se font voir sur le faite, en voûte suspendus : / Et les autres plus lourds, plus chargez de matiere, / Moins dorez de façon, moins dorez de lumiere, / De leur masse affermis, à tout le Bastiment, / Dans le lieu le plus bas, servent de fondement. »

141. *O.C.* : p. 217, *Seconde Semaine, Premier Jour, Troisième Partie, Les Furies*, vers 45-50 ; p. 218, vers 91-96 ; pp. 272-273 : *Seconde Semaine, Second Jour, Seconde Partie, Babylone*, vers 165-166 ; p. 211, *Seconde Semaine, Premier Jour, Seconde Partie, L'Imposture*, vers 485.

contenté de reprendre des identifications trop connues. Il semble d'ailleurs qu'il ne se soit pas résigné à une vision pessimiste de l'avenir de l'humanité. Poussé par sa foi, il n'est pas dupe des vices de l'homme, mais croit à son épanouissement par l'apport des sciences et un retour à l'observance de la loi religieuse. Il est probable que l'enthousiasme scientifique du poète l'a conforté dans ses espérances sur le sort de l'homme. Puisque ce dernier était apte à percer les « secrets de l'univers », il était inéluctablement amené un jour à soupçonner la bonté du Créateur et, par voie de conséquence, à croire en lui. A vrai dire, être savant signifiait pour Du Bartas être croyant. En cela, le poète emprunte une voie peu commune, car depuis l'Antiquité la science s'affirmait contre la religion ; prétendre que les deux se renforcent, c'est certes revenir à saint Thomas d'Aquin, mais c'est aussi comprendre que l'évolution scientifique, qui permet de mieux embrasser la complexité des mécanismes de l'univers, risque de s'affranchir de toute influence métaphysique. De manière presque désespérée Du Bartas a senti que la science, à n'importe quel prix, devait être récupérée par la foi sous peine de la menacer.

Parallèlement, le poète du XVIe siècle, qu'il se nomme Scève, Ronsard, Pontus de Tyard, Baïf ou Du Bartas, est intimement convaincu que l'homme possède des ressources intellectuelles susceptibles d'assurer son élévation spirituelle. Avant la fin du *Sixième Jour*, le poète ne déclarait-il pas que l'esprit humain « s'eslance dehors / Les murs de l'univers : et loin loin de tous corps, / Il void Dieu face à face, »[142] ? S'il est clair que l'accès à la sagesse supérieure résulte de la foi :

> « Comme le fer touché par la pierre d'Aymant
> Vers le pole du Nord regarde incessamment :
> Ainsi l'esprit, touché par la vertu secrette
> D'une foy non fardee, et iour et nuict s'arreste
> Vers l'esclatāt fanal, qui sert d'Ourse en tout tēps,
> Pour guider les nochers sur ceste mer flotans. »[143]

il est non moins significatif que l'une des facultés maîtresses de l'homme soit la raison dont *La Seconde Sepmaine* dévoile l'éminent rôle, tant dans la construction de l'Arche de Noé que dans la valeur de l'Hébreu, des découvertes géographiques et des « quatre filles du

---

142. *O.C.* : p. 156, *Première Semaine, Sixième Jour*, vers 811-813.
143. *O.C.* : pp. 169'-170, *Première Semaine, Septième Jour*, vers 545-550.

ciel » que sont Arithmétique, Géométrie, Astronomie et Musique[144].
Un rêve enfin poursuit Du Bartas : celui du retour à la langue
originelle utilisée jadis par Adam. Retrouver ce langage primitif,
c'est non seulement rendre « à l'idiome Hebrieu le sacré droict
d'ainesse »[145], mais espérer remonter par le langage aux origines où
la parole et l'essence se confondaient. Ainsi se dessine un mythe qui
acquerra au cours des siècles une importance capitale.

L'humanité, selon Du Bartas, n'est pas prédestinée au malheur. Il
est symptomatique à cet égard que le poète de *La Sepmaine*,
pourtant protestant, ait évité de mentionner les thèses calvinistes.
Son but n'était pas de soutenir l'esprit de la Réforme, mais de
montrer, comme plus tard Pascal, que les faiblesses de l'homme
éclairent sa grandeur et sa mission. Pascal voulait convaincre le
libertin, Du Bartas, lui, s'en prenait aux indécis, aux hésitants. Pour
parvenir à ses fins, il a notamment renoncé aux vieilles oppositions
qui dressaient face à face l'homme et le destin, l'homme et la
fortune. Il ne reste dans la dialectique de *La Sepmaine* que l'homme
et Dieu ; Satan lui-même y perd sa place. L'intérêt et la modernité
du point de vue bartasien, c'est d'introduire au cœur de la foi la
science : par la connaissance, l'homme s'approprie le monde, ce
qui, de façon presque inéluctable le contraint à sentir, à connaître,
puis à proclamer la puissance divine; malheureusement, entre la
théorie du savoir et les effets des développements scientifiques, des
incompatibilités surgiront : la synthèse était, peut-être, impossible.

La triade fondamentale, Dieu, le monde, l'homme, dans la poésie
du « divin Bartas », témoigne d'une rencontre entre une imagination
qui se nourrit de clichés, qui visualise aussi, et une pensée qui
renvoie à la tradition biblique et humaniste. Loin de proposer une
vision cosmologique nouvelle, Du Bartas conforte l'ancienne, celle
de Ptolémée, de Dante et de Ronsard. Tout concourt dans son
poème au maintien des données reconnues par l'Église. Chantre de
la tradition et poète, avec ravissement il se mêle aux spectacles de

---

144. *O.C.* : p. 261 : *Seconde Semaine, Second Jour, Première Partie, l'Arche*,
vers 285-286 ; p. 277, *Seconde Semaine, Second Jour, Seconde Partie, Babylone*,
vers 345-370 ; pp. 292-293, *Seconde Semaine, Second Jour, Troisième Partie, Les
Colonies*, vers 257-270 ; pp. 307-325, *Seconde Semaine, Second Jour, Quatrième
Partie, Les Colomnes*, vers 73-754. La réflexion sur le symbolisme de l'Arche de
Noé, chère aux intellectuels, clercs et poètes médiévaux, a pu inspirer Du Bartas.
Elle se poursuivra, au XVIIe siècle, notamment avec le traité du Père A. Kircher : *Arca Noe in tres libros digesta*, Amstelodami, J. Janssonium a Waesberge,
1675.

145. *O.C.* : p. 278, *Seconde Semaine, Second Jour, Seconde Partie, Babylone*,
vers 398.

la nature, à la mouvance et aux transformations des choses. C'est parce qu'il est prêt à s'insérer dans leur flux qu'il a besoin d'étayer ses arguments d'illustrations. L'exemple est pour lui l'équivalent d'une idée. Le baroque bartasien ne serait-il pas finalement ce style démonstratif où tout ce qui vient de la réalité a droit à l'existence ? Tout porte à le croire, si l'on s'en tient à l'œuvre elle-même, révélant entre l'intention apologétique et la volonté encyclopédique un dessein commun. Partant de la puissance illimitée de Dieu, Du Bartas aboutissait à une description sans limites de la Création, propre à signifier la grandeur du Maître.

Dans le temps où l'on assistait en Europe à la naissance du doute, à l'échec d'un idéalisme religieux, à la critique des systèmes humanistes[146], Du Bartas, à contre-courant, défendait les termes traditionnels de la Création. En insistant sur les mécanismes du cosmos, il s'élevait au dessus des querelles partisanes et rappelait que l'histoire du monde et celle de l'humanité avaient un sens. Mais le poète, prisonnier d'une mission impérative, a éprouvé trop spontanément la tentation de rejeter les innovations cosmologiques, de maintenir, avec une passion tour à tour confiante et pathétique, des conceptions dépassées, et d'adopter un point de vue qu'on qualifierait aujourd'hui de « conservateur ». Tout ce qu'il a peint gravite, en effet, autour de l'entreprise apologétique qui justifiait, pour lui, aussi bien le recours à la science que l'appel à la séduction artistique. Le baroque bartasien, manifestation d'une conscience imaginante, est alors une écriture réaliste dont le but premier consiste à toucher le lecteur. La puissance d'émotion peut l'emporter sur celle de l'illusion.

---

146. Consulter l'excellent ouvrage de M. Fumaroli : *L'Age de l'éloquence. Rhétorique et « Res literaria » de la Renaissance au seuil de l'époque classique*, Genève, Droz, 1980.

CHAPITRE IV

LA HAUTE SCIENCE

La Sepmaine de Du Bartas a consacré le succès d'un nouveau genre littéraire : la poésie scientifique. Sans doute, le docte poète n'aurait-il ni encouragé ni reconnu pour siennes les inlassables redites de ses continuateurs, mais comme Scève, il est parvenu pour sa part à faire goûter au public une œuvre au caractère à la fois cosmologique, scientifique et religieux. C'est là un trait de la réussite bartasienne, qui peut aujourd'hui surprendre. En réalité, *La Sepmaine*, comme plus tard *Le Génie du christianisme*, arrivait à point nommé dans le conflit et les ruptures idéologiques que provoquaient les découvertes des savants de la Renaissance. Il est probable que l'esthétique de l'écriture bartasienne a contribué au prestige de l'œuvre, dont les *Jours* présentaient des théories débattues dans la littérature scientifique et l'histoire des idées, depuis Aristote jusqu'à Copernic en passant par Pline, Hygin ou Palingène. Reprenant à son compte les ambitions de Ronsard, Du Bartas a souhaité créer, à l'exemple du maître, une poésie qui serait à la fois représentation de la totalité de l'existence et expression d'une philosophie. C'est pour cela que les attraits de la *Haute Science* l'ont séduit à travers une sorte de maturation artistique personnelle : elle constituait, peut-être, une voie de l'accomplissement de l'écriture.

Le dévot d'Uranie, qui a été obligé de prendre en compte l'apport des sciences occultes et de la haute science, a adopté une position relativement ambiguë, puisque les condamnations de la magie et de l'astrologie ne l'ont pas empêché d'en prôner les bons usages. Attentif au climat contemporain, il pensait que « Christ est impurement de blasphemes batu. / *On suit l'art de Medee,* et l'amour de Sodome. »[1]. De manière véhémente il dénonçait la

---

1. *O.C.* : p. 656, *Le Triomphe de la Foy*, chant III, vers 143-144 ; et dans une

consultation de Saül auprès de la magicienne, car l'art magique
« nuit à tous, sur tous à son autheur, / Et que l'Athee encor, le
Payen, l'enchanteur / S'entresuivent de pres ; l'un, en riē Dieu
chāge, / L'autre, Satan en Dieu ; l'autre Satan en Ange. »[2]. Son
attitude, partagée par maints écrivains, tant protestants que
catholiques, l'a conduit à fustiger les astrologues à la façon de
Dante :

> « Que vous estes, helas ! de honte et de foy vuides,
> Escrivains, qui couchez dans vos Ephemerides
> L'an, le mois et le iour, qui clorrōt pour tousiours
> La porte de Saturne aux ans, aux mois, aux iours :
>
> Vostre menteuse main pose mal ses iettons
> Se mesconte en sa chiffre, et recherche à tastons
> Parmi les sombres nuicts les plus secrettes choses
> Que dans son cabinet l'Eternel tient encloses. »[3]

autre version, *The Works of G. de Salluste, Sieur Du Bartas*, éd. citée, p. 170, vers
135-140 : « Christ est impunément de blasfemes batu, / Et l'art de la Colchide est
plus qu'autorisée. / Nostre siecle est, de vrai, une cloaque infecte, / Un trespuant
esgout, où des siecles passés / Tous les vices se sont ensemble ramassés, » ; on se
reportera aussi avec profit à l'étude de F. Secret : « Notes pour une histoire de
l'alchimie en France (A. Thevet, Du Bartas, J. de Sponde, G. Arragos, C. Dormy,
J.B. Morin) », *Australian Journal of French Studies*, Melbourne, IX, 1972,
pp. 217-236.

2. *O.C.* : p. 450, *Seconde Semaine, Quatrième Jour, Première Partie, Les
Trophées*, vers 627-630.

3. *O.C.* : p. 20, *Première Semaine, Premier Jour*, vers 371-374, 377-380 ; dans
Les Œuvres Poetiques (...) de Du Bartas, éd. citée de J. Choüet, 1608, S. Goulart
commente ainsi ces vers, pp. 44-45 : « Pource q̄ les Astrologues iudiciaires
marquent sur chasque iour de l'annee non seulemēt les cōiōctions des Astres, mais
aussi en tirēt iugemēt de tout l'estat de la vie humaine, et mesmes de la fin du
mōde, le Poëte les taxe d'impudēce et d'impieté, de penser pouvoir marquer ce
qui / est inconnu aux Anges mesmes. De nostre temps Cyprian Leouicius, et
quelques autres, ont osé remarquer quelque chose, et nous menacer de l'ā 1588. Et
toutefois lui et les autres nous ont fait des Ephemerides iusques à l'ā 1606, comme
celles de Stadius ont esté mises en lumiere iusques à ce temps là. Nostre siecle,
fertile en esprits curieux et prophanes, a produit maints cerveaux esgarez et
forgeurs d'Almanachs ou Ephemerides, qui apres s'estre advancez à predire ce que
Dieu tient en sa main, n'ont fait autre chose que publier leur sotte et detestable
impudence ». P. Viret dans son *Exposition de la doctrine de la Foy Chrestienne
(...)*, éd. citée, a tenu un raisonnement identique, pp. 136-137 et pp. 88-89 : « Des
prognosticatiōs et almanachs des astrologues, et prognosticateurs, et des abus qui
y sont : et des vrayes prognosticatiōs Chrestiennes ». La discussion sur la valeur
de l'astrologie est courante au XVIᵉ siècle. On se reportera aussi à Guillaume des
Autelz : *Repos de plus grand travail*, Lyon, J. de Tournes et G. Gazeau, 1550,
pp. 130-131, et Guillaume de Chevalier : *Le Decez, ou Fin du monde,* éd. citée,
p. 2 verso.

L'astrologie était donc à ses yeux synonyme d'erreur, d'égarement et de péché. Cependant, de *La Muse Chrestienne* aux dernières séquences de *La Seconde Sepmaine*, une curiosité croissante l'a poussé à admettre les déterminations des sciences occultes. Significative est l'explication qu'il a donnée de l'apparition du serpent tentateur :

> « l'estime or' que Satan l'esprit d'Eve troublant
> Lui fit apprehender ce phantosme parlant.
> Car comme dans l'espais des nuages liquides
> L'air et l'eau pröptemët se meslët, cöme humides :
> Les ennemis Daemons se fourrent aisement,
> Comme subtils esprits, dans nostre entendement.
> Or ie croy que de vray l'œil vit à son dömage,
> Non le corps d'un serpët, ains d'un Serpët l'image :
> Ou d'autant que Satan fit cöme un bateleur,
> Qui nos yeux esblouit d'un cierge ensorceleur, »[4]

Quant aux astres, il pensait, en accord avec les traditions médiévales, que leur « maligne influence »[5] avait commencé de s'exercer après la Chute et qu'il fallait donc leur prêter attention :

> « Celui n'a point de sens, qui sans rougir desment
> De ses sens non blecez le certain iugement.
> Et celui qui combat contre l'experience,
> N'est digne du secours d'une haute science.
> Tel est celui qui dit que les astres n'ont pas
> Pouvoir dessus les corps qui formillent çà-bas :
> Bien que du ciel courbé les effects manifestes
> Soyent en nombre plus grands que les torches celestes. »[6]

L'argumentation ci-dessus, qu'il renouvelle au cours de son poème, est fondée sur le renversement essentiel qui s'est opéré. Avec le péché, les astres, de passifs deviennent actifs, c'est-à-dire que la « vertu secrete / Decoule sur nos chefs de chacune Planete, / De

---

4. *O.C.* : p. 203, *Seconde Semaine, Premier Jour, Seconde Partie, L'Imposture,* vers 135-144. La comparaison de Satan avec un bateleur est à mettre en relation avec l'une des significations de la Lame I du Tarot : *Le Bateleur.*
5. *O.C.* : p. 219, *Seconde Semaine, Premier Jour, Troisième Partie, Les Furies,* vers 117.
6. *O.C.* : p. 98, *Première Semaine, Quatrième Jour,* vers 417-424.

chacun de ces feux que Dieu voulut ficher / Pour leur rare pouvoir chacun en son plancher »[7].

Une démarche plus subtile dans « *Babylone* » lui permet de se porter garant de la richesse et de l'authenticité de la Cabale, dont il a analysé, avec précision, les mécanismes alphabétiques et numérologiques :

> « Quand ie pēse à par-moy que l'Eschole Rabbine
> Trouve dans l'Alphabet de la langue divine
> Tout ce qu'ō void de l'œil, tout ce qu'ō croit par foy
> Et que tous arts encor sont compris dãs la Loy :
> Soit avec grand travail en cent façons diverses,
> Les lettres de ses mots, curieux, tu renverses,
> Tout ainsi qu'en contant, des chiffres le trãsport
> Augmente fort le nombre, où le descroist biē fort :
> L'anagramme roidit, ou relasche la force
> Du nom à qui, subtile elle donne une entorce :
> Ou soit que iustement tu mettes comme en blot
> Les nombres, qui naissans des elemens d'un mot
> Expriment un mystere, et que sous ce vocable
> On en cōprēne un autre en nōbre tout sēblable :
> Soit qu'un nom soit marqué par un seul elemēt :
> Ou toute l'oraison par un mot seulement :
> Comme sous un pourtrait d'Egypte le silence
> Seelloit, mysterieux, une longue sentence : »[8]

Ce texte, lu avec attention par C. Duret, expose les connaissances de Du Bartas qui a pu être intéressé par les transferts de sens que la Cabale autorisait. La Haute Science, dans ce qu'elle a de plus général, était placée sous l'autorité de la langue hébraïque et du roi Salomon au « sçavoir plus qu'humain », qui « vole au ciel » et « sonde / L'obscure profondeur des entrailles du monde. »[9]. Pour le poète, Salomon est l'homme à la connaissance supérieure qui n'ignore rien de la nature : « il sçait quel frein retient l'Ocean dãs ses bornes », « il sçait pourquoi la terre est immobile, ronde / La lie de Nature, et le centre du Monde. », « il peut dire pourquoi du triste Loup la dent / Rend viste le Cheval, et sa piste pesant : » et « il comprend bien pourquoi le sang est arresté / Par la claire vertu du

7. *O.C.* : p. 99 : *Première Semaine, Quatrième Jour*, vers 467-470.
8. *O.C.* : p. 277, *Seconde Semaine, Second Jour, Seconde Partie, Babylone*, vers 353-370 ; F. Secret : « La Kabbale chez Du Bartas », *SF*, n° 7, 1959, pp. 1-11.
9. *O.C.* : p. 472, *Seconde Semaine, Quatrième Jour, Seconde Partie, La Magnificence*, vers 334-336.

Iaspe marqueté, / Le Saphir guerit l'œil, le Topaze fait guerre / A Venus, »[10]...

La présentation du savoir de Salomon prouve, une fois encore, que la science recherchée par le poète est celle des sommes médiévales. Mais à l'instar de Dante, Ronsard ou Scève, Du Bartas a eu la possibilité d'user des catégories et classifications scientifiques dans un but littéraire : astrologie et numérologie étaient susceptibles de contribuer à l'accomplissement artistique de l'œuvre, en lui procurant des images autant que des cadres de pensée.

Dans l'écriture bartasienne, l'astrologie a favorisé l'expression poétique de la vision cosmologique. Lecteur de Pontano, de Ronsard ou de Tyard, Du Bartas a en effet, comme eux, eu recours aux correspondances et analogies précisant la nature de l'influence des planètes et des constellations zodiacales dans la vie de l'univers et de l'homme. Il est remarquable qu'une œuvre attentive aux innombrables aspects de la Création mette au premier plan le rôle des astres. Disciple et fervent d'Uranie, il nous la présente ainsi :

« Sa face est angelique, angelique son geste,
Son discours tout divin, et tout parfait son corps,
Et sa bouche à neuf-voix imite en ses accords
Le son harmonieux de la dance celeste.
Son chef est honoré d'une riche couronne
Fait à sept plis glissant d'un divers mouvement :
Sur chacun de ses plis se tourne obliquement
Ie ne sçay quel rôdeau, qui sur nos chefs rayonne.
Le premier est de plomb, et d'estain le deuxieme,
Le troisième d'acier, le quart d'or iaunissant :
Le quint est composé d'electre pallissant,
Le suyvant de mercure, et d'argent le septieme.
Son corps est affublé d'une mante azuree,
Parsemee haut et bas d'un million de feux,
Qui d'un bel art sans art distinctement confus
Decorent de leurs rais ceste beauté sacree. »[11]

Les détails de cette allégorie — neuf voix, sept plis — désignent les neuf cieux et les sept planètes. Suit une équivalence analogique

10. O.C. : pp. 473-474, *Seconde Semaine, Quatrième Jour, Seconde Partie, La Magnificence*, vers 351, 359-360, 369-370, 389-392.
11. O.C. : pp. 628-629, « *L'Uranie, ou Muse Celeste* », vers 33-48 la gamme des métaux parallèle à celle des planètes est : le plomb (Saturne), l'étain (Jupiter), l'acier (Mars), l'or (le Soleil), le cuivre (Vénus), le mercure ou le soufre (Mercure), l'argent (Lune).

entre la gamme des sept planètes et celle des sept métaux respectivement associés à chaque planète. Dans « Les Colomnes », la figuration de la muse Uranie est légèrement modifiée par une formulation plus riche :

> « Elle a pour Diademe un argenté Croissant,
> Sous qui iusqu'aux talons à iaunes flocs descend
> Un Comet allumé, pour yeux, deux Escarboucles :
> Pour robe un bleu Rideau, que deux luisates boucles
> Attachent sur l'espaule, un damas azuré,
> D'estoilles, d'animaux richement figuré :
> Et pour plumes encor elle porte les ailes
> De l'oiseau moucheté de brillantes rouelles. »[12]

L'idée d'introduire le « Comet », et d'employer les « plumes » du paon comme ailes de la Muse évoque moins les figurations médiévales que les peintures de G. Moreau. En général, c'est de manière plus plate que le poète met en vers les représentations allégoriques. On observe aussi que le relevé des attributs des planètes n'a rien de poétique : tout y est prosaïque. On a l'impression que Du Bartas a échoué à étoffer son langage. Sous sa plume, Saturne est inévitablement « taciturne » et la Lune, « verse-froid, verse-humeur, borne-mois, »[13]. De ce point de vue, aucune évolution ne se manifeste dans La Seconde Sepmaine, où sont décrits en termes traditionnels les liens existant entre les maladies, les pays, l'âge, les saisons et les astres :

> « Mais quoy ? Ne pensez pas que la fortune guide
> Pesle-mesle le camp de la tierce Eumenide.
> Ie voy de ses soldats, qui conduits par raison
> Font chois et de Province, et d'âge, et de saison.
> Ainsi le Portugal est fecond en Phtisiques,
> L'Ebre en Escrouëlleux, l'Arne en Epileptiques.
> L'une Inde en Verolez, la Savoye en Goitreux,
> En Pesteux la Sardaigne, et l'Egypte en Lepreux,
> Suyvant les mœurs des lieux, où la forte influace
> Du Ciel gouverne-tout. Ainsi la molle enfance
> Est rongee des vers fils de ses cruditez :
> A le ventre coulant pour ses humiditez :

12. O.C. : p. 311, Seconde Semaine, Second Jour, Quatrième Partie, Les Colomnes, vers 247-254.
13. O.C. : pp. 96-97, Première Semaine, Quatrième Jour, vers 348, 389.

> Pour ses phlegmes nitreux a la teste teigneuse,
> Et porte quelques têps mainte empoulle saigneuse
> De l'humeur mêstrual, qui côme un vin nouveau
> Bouillonnant dâs son corps lui boutône la peau.
> La ieunesse aisement tombe en Hemorraghie,
> En fievre continue, en chatre, en phrenesie,
> Et la foible Vieillesse a coustumierement
> Pour hostes ennuyeux la Toux, le Tremblement,
> La Catharre, et la Goute. Ainsi la Sciatique,
> La fiévre qui se fait d'humeur mélancholique,
> Le flux de sang, la peste, et l'aqueuse tumeur
> Se nourrissent chez nous de l'Autônale humeur.
> Les Morenes, la Gale, et la langeur d'Alcide
> Nous chargêt, enragez, au Printêps chaud-humide.
> Et puis la Diarrhee avecques le Mal-Chaud
> Nous redonne, importune, en Esté maint-assaut,
> Comme la Pleuresie, et la Tous, et le Rheume
> Sont couverts de flocs blancs d'une celeste plume :
> Et soldats casaniers tienent dans la maison
> Du chastré fils de l'an leur froide garnison. »[14]

On peut émettre des réserves à l'égard de cette succession de poncifs résumant un savoir figé dont le poète a voulu rendre compte. C'est en vain en tout cas qu'on rechercherait des épithètes curieuses, des inventions verbales ou des images originales dans ces développements où le désir de tout répertorier paralyse le souffle poétique.

Le traitement est plus élaboré en ce qui concerne les constellations zodiacales « fichez en la riche ceinture, / Dont l'ouvrier Immortel estrena la Nature, »[15]. Au lieu de considérer séparément chaque signe, Du Bartas s'est efforcé, avec une certaine habileté, de représenter leur mouvement, leur enchaînement et leur rythme : le Bélier « voit le Taureau naistre », les Gémeaux font « courir » le Taureau, le Lion suit « d'un mesme pas » le Cancer, le Scorpion et la Balance se heurtent au Sagittaire « galopât par le Ciel », les Poissons vont vers la « source » du Verseau[16]. De

---

14. *O.C.* : pp. 227-228, *Seconde Semaine, Premier Jour, Troisième Partie, Les Furies*, vers 473-504. Il suit G. Le Fèvre de La Boderie : *La Galliade, ou de la Revolution des arts et sciences*, éd. citée, Cercle I, pp. 12 recto-27 recto. G. Postel s'est également fait l'écho de ses croyances notamment dans *Le Thresor des Propheties de l'Univers*, (1551-1566), La Haye, M. Nijhoff, 1969.

15. *O.C.* : p. 92, *Première Semaine, Quatrième Jour*, vers 193-194.

16. *O.C.* : pp. 93-94, *Première Semaine, Quatrième Jour*, vers 213, 221, 227, 244, 255.

surcroît, H. Weber y a été sensible, la présentation de certains signes, en particulier celle du Cancer, est très réussie :

> « Le Cancre guide-Esté fend apres lentement
> De ses huit avirons l'azur du firmament :
> Afin que d'an en an sa coquille estoilee
> Conduise maint long iour sur la terre bruslee. »[17]

Au cours de *La Seconde Sepmaine*, le poète est revenu sur la thématique zodiacale avec l'intention de prouver que les constellations sont les « characteres » de la « Tout-puissante main » de Dieu, « où du siècle avenir se lit l'ordre fatal : / Un publique instrument, une carte authentique, / Qui sans ordre contient le recit Prophetique / Des gestes de l'Eglise. »[18]. Imitant Zémon de Vérone et Georges de Venise, qui avaient eux aussi interprété les signes célestes en termes théologiques, il écrivait :

> « Et que diray-ie encor du Baudrier, qui doré
> Est de deux fois six feux Feux richement decoré ?
> Celui qui guide l'an est l'Agneau du Passage :
> Le second, ce Taureau, que l'idolatre rage
> D'Isac moule au desert. Et les clairs Enfançons,
> Du sainct fils d'Abraham sont les Enfans bessons.
> Le quart est Salomon, qui comme une Escrevice
> Chemine en reculant, se touille dans le vice
> Tout ainsi qu'un verrat : et profane Vieillard,
> Se rend d'ame et de corps également paillard.
> Le quint, ce Lionceau, que la robuste adresse
> Du foudroyeur Samsõ cõme un chevreau despece.
> Et le sixiesme encor, la Vierge, qui pour nous
> Enfante son germain, son pere, et son espoux.
> L'autre, ce Trebuchet, où l'Isacide Prince
> Va iuste balançant le droit de sa province.
> L'autre, est cest animal qui blesse traistrement
> Sur les Maltesques bords de Dieu le truchement,
> Car il n'importe rien que ce signe on appelle
> Ou madré Scorpion, ou Vipere cruelle.
> L'Archer est Ismael. Et celui qui le suit,

17. *O.C.* : p. 93, *Première Semaine, Quatrième Jour*, vers 223-226 ; H. Weber : *La Création poétique au XVIᵉ siècle (...)*, éd. citée, p. 545.
18. *O.C.* : p. 315, *Seconde Semaine, Second Jour, Quatrième Partie, Les Colonnes*, vers 430, 432-435.

Est le Bouc qu'au desert le prestre huilé conduit.
Le Vers'eau est le fils du muet Zacharie,
L'avant-coureur de Dieu, le fourrier du Messie,
Qui dans le clair Iourdain noye tous les pechez
Des hommes vivement d'un repentir touchez.
Et ces deux clairs Poissõs, ceux que dessus la rive
De l'Asphaltite mer la Parole alme-vive
Benit divinement si bien qu'avec cinq pains
Ils soulẽt nourrissiers, plus de cinq mille humaĩs »[19]

19. *O.C.* : pp. 317-318, *Seconde Semaine, Second Jour, Quatrième Partie, Les Colomnes*, vers 499-528 ; Zénon de Vérone : *Opera omnia*, Patrologie Latine XI, Liber II, Tractatus XLIII, « Ad neophytos post baptisma VI, duodecim signis », col. 494-496 : « Igitur, fratres, genesis talis est vestra. Primus vos, qui in se credentem reprobat nullum, non Aries, sed Agnus excepit : qui vestram nuditatem velleris sui niveo candore vestivit : qui suum lac beatum vagitu hiantibus vestris labris indulgenter infudit. Idem non tumidus cervice, non torvus fronte, non minax cornu Taurus, sed optimus, dulcis, blandus, ac mitis vos admonet. Vitulus, ut nulla ullo in opere captantes auguria, ejus sine malitia succedentes jugo, terramque vestrae carnis domando fecundates, laetam divinorum seminum messem coelestibus horreis inferatis. Et admonet prosequentibus Geminis, id est duobus salutare canentibus testamentis, ut principaliter idololatriam, impudicitiam, avaritiamque fugiatis, quae est incurabilis cancer. Leo autem noster, sicut Genesis protestatur (*Gen.* XLIX), leonis est catulus, cul cujus ista pia sacramenta celebramus, qui ad hoc recubans obdormivit, ut vinceret mortem ; ad hoc evigilavit, ut beatae resurrectionis suae in nos munus immortalitatis conferret. Quem competenter sequitur Virgo praenuntians Libram, ut nosceremus Dei per Filium, qui incarnatus processit ex virgine, aequitatem justitiamque terris illatam : quam qui constanter tenuerit ac fideliter ministraverit, non dicam Scorpionem, sed, sicut Dominus ait Evangelio, omnes omnimo serpentes illaesa planta calcabit. Sed nec ipsum quoque diabolum, qui vere est acerrimus Sagittarias, formidabit umquam, variis atque igneis sagittis armatus, totius humani generis omni momento corda distringens : propter quod sic Paulus Apostolus ait : *Induite vos armaturam Dei, ut possitis vos constare adversus nequitias diaboli, accepto scuto fidei, per quod poteritis omnes sagittas illius mali, quae sunt igne plenae, extinguere* (*Ephes.* VI, 11). Is enim infelicibus non numquam immittit Capricornum vultu deformem, et per cornu exilioris labra liventia spumantibus venis ebulliens, palpitante ruina, captivi tota miserabiliter per membra desaevit. Alios amentes, alios furiosos, alios homicidios, alios alduteros, alios sacrilegos, alios avaritia efficit caecos. Longum est per singula. Varias atque innumerabiles nocendi artes habet : sed omnes salutaris profluens amne non magnopere noster Aquarius delere consuevit ; quem necessario uno sequuntur duo Pisces in signo, id est duo ex Judaeis et Gentibus populi, baptismatis aqua viventes, in unum populum Christi uno signo signati. » ; *L'Harmonie du Monde (...)* de G. de Venise, traduit par G. Le Fèvre de La Boderie, éd. citée, pp. 325-326, I, Livre VIII, chap. 18 : « De la convenance harmonique du septenaire des Planètes avec les douze signes », : « ... Car c'est une porte que le Mouton et le Thoreau qui sont offerts pour le péché, sans la purgation duquel aucun illec ne peut avoir entrée. De là on vient aux Gémeaux, œuvres de charité, sçavoir est de Dieu et du prochain. Laquelle double charité est renforcée aux puissans bras du Cancre, par lesquels l'homme embrasse tout obiect aymable. Puis apres elle est faicte merveilleusemẽt noble et excellente au Lyon le plus fort des animaux. Auquel

En se reportant à Zénon de Vérone et à Georges de Venise, on relève toutefois de sensibles différences dans les lectures bibliques du zodiaque que résume le tableau suivant :

Signes zodiacaux	Zénon de Vérone	Georges de Venise	Du Bartas
Bélier	L'Agneau	Purgation des péchés	Agneau de la Pâque
Taureau	Le veau sacrificiel	Purgation des péchés	Le veau d'or
Gémeaux	Les deux Testaments	Charité de Dieu et du prochain	Esau et Jacob
Cancer	Les Péchés	Charité renforcée	Salomon paillard
Lion	La résurrection	Réduction de la partie animale de l'homme	Samson et le Lion
Vierge	L'enfant Dieu	Continence	La Vierge Marie
Balance	La justice de Dieu	Jugement des œuvres	Salomon juste et sage
Scorpion	Le mal	Fin des œuvres mauvaises	Saint Paul et la vipère de Malte
Sagittaire	Le diable	Lutte contre le mal	Ismael
Capricorne	Le mal	Contemplation de l'entendement du du ciel	Les rites du sacrifice
Verseau	Le Christ	Eaux de la grâce divine	Saint Jean-Baptiste
Poissons	Gentils et Juifs sauvés	Le banquet des Justes	Le Christ

l'home estant parvenu il affoiblit sa partie animale la reduisant en servitude et la red sterile par la Vierge. Mais en la Balance, il poise chascun iour les forces de l'une et de l'autre partie et repensant chacun iour leurs actions recognoist qui sont les œuvres plus grands et plus puissans ou selon l'esprit, ou selon la chair. Depuis il viet à l'heureux Scorpion, duquel nous avos parlé cy dessus, qui mord de la queue, c'est-à-dire, de·la fin, tout es œuvres mauvaises, ainsi que nous lisons mystiquement il fut comandé à Moyse qu'il empoignast par la queue le serpet et conseiller des mauvaises œuvres. Et voyant combien est grande la malice du serpent que par le Sagittaire prenant l'arc et la fleche qu'il le frappe. Et de là il parviedra au Chevrecorne seiour de Saturne vaquant à Dieu par contemplation,

Le ciel, au sens propre, raconte la gloire de Dieu ! Il est donc normal que le zodiaque et les constellations aident à déchiffrer l'histoire biblique et celle de l'humanité. En ce sens, la démarche de Du Bartas, sa lecture des secrets célestes, sont proches de celles suivies par Ronsard dans « *L'Hercule Chrestien* ». Dans les deux cas, les poètes ont créé un symbolisme religieux qui prenait appui sur la mythologie. Ce que Ronsard avait osé faire dans son hymne, a incité le « divin Bartas » à cultiver les parallèles significatifs entre mythologie et histoire sainte. Mais alors que le premier conservait la trame mythologique, le second, lui, s'en démarquait pour mieux faire apparaître le triomphe des *Écritures* et la grandeur de Dieu. D'emblée, il interrogeait l'absolu.

On remarque aussi que la matière encyclopédique des *Sepmaines* a souvent été enrichie par des classifications d'origine astrologique. C'est ainsi qu'au *Troisième Jour*, Du Bartas s'est contenté, pour étoffer sa démonstration, de mentionner des séries de douze arbres, visiblement liées aux signes zodiacaux en vertu d'une antique tradition qui attribuait à chaque signe un arbre, une plante, un métal ou un animal. L'équilibre versifié sert à renforcer ce point de vue : douze vers présentent douze arbres, et dix vers supplémentaires font mention de douze arbres fruitiers[20]. De tels

---

regardât de l'entèdement le Ciel figuré par les peaux de Chevres, desquelles il fut cōmandé qu'on feist le couvercle du tabernacle. Et de là s'en aille aux eaux qui sont les Cieux, dond le Verseau celeste est la porte. Car par les eaux d'aumosne et de misericorde qui sont œuvres / celestes, on parvient aux eaux de grace divine, de pieté et de sapièce. Et en fin nous surgirons aux poissons qui sont nourris aux mesmes eaux, signifiez par les poissons que le Christ mangea depuis la resurrection ia mué en meilleure condition : lesquels avecques le veau et l'oyseau (comme enseigne la secrette Theologie des Hebrieux) sont appareillez au banquet pour les iustes. Nous avōs estreinct en brief sommaire ce peu d'entre plusieurs choses que nous pourrions dire des portes de la supernelle cité, et de ceux qui nous y amenent et attirent, afin que par ce peu nous entendiōs que toutes choses nous menent à Dieu, Anges, Cieux, Planetes, Signes, et tout ce qui est d'en haut, mais principalement la raison et la condition de l'homme, auquel sont assemblées, et encloses toutes les choses dond nous avons faict mention. » ; Blaise de Vigenère, *Traicté des Chiffres ou secretes manieres d'escrire*, Paris, A. L'Angelier, 1586, pp. 87 verso-88 verso, a mis en rapport les douze lettres simples de l'alphabet hébreu avec les douze activités humaines, les signes du zodiaque, les mois de l'année et les Intelligences célestes. J. Dauphiné : « Une lecture allégorique privilégiée au XVIe siècle : le zodiaque eucharistique. », *Bulletin Ass. G. Budé* (à paraître).

20. *O.C.* : pp. 73-74, *Première Semaine, Troisième Jour*, vers 479-490 et 491-500. Les arbres fruitiers sont (vers 491-500) : le pêcher, l'oranger, l'abricotier, le cognassier, le pommier, le noyer, le noisetier, le poirier, le figuier, le cerisier, l'olivier et le prunier. La série des douze arbres naturels et sauvages (vers 479-490) est d'origine zodiacale, ainsi que le prouve le rapprochement de ces vers avec les correspondances traditionnelles proposées notamment par O. Férier (Encausse : *Traité de Magie pratique (...)*, Paris, Chamuel, 1893, p. 253) :

dénombrements sont plutôt fastidieux, car émaillés d'adjectifs usés, de clichés, et de poncifs. Du Bartas suivait une structure de pensée commode à laquelle il n'accordait qu'une fonction didactique. Le recours à douze exemples, pour illustrer un aspect de la Création, est si fréquent dans son œuvre, qu'on est en droit de supposer que le principe des correspondances zodiacales a été le véritable fondement du mode de présentation littéraire qu'il a choisi. Presque naturellement, il a décrit les douze parties du corps humain, les douze animaux marins, les douze constellations principales... Il y a dans ce procédé quasi constant, favorable à une systématisation du réel, une « forme de pensée » qui s'est imposée à son esprit et a agi sur sa rêverie. Lorsque l'écrivain s'attarde à peindre le bal des dieux, au moment du mariage de Salomon, la « forme de pensée » est garantie par la série des planètes aisément repérables, grâce à leurs attributs soigneusement notés au fil de la description. Parmi les danseurs de « la grand' sale du mōde »[21], où se trouve, au milieu du pavé le « baudrier » du ciel, « escharpe » du zodiaque[22], on voit « baller » ainsi les planètes :

« Ici danse un vieillard, qui porte un lōg māteau
Teint de couleur de plōb, et ceint d'un serpenteau
Qui mord sa perse queue, en son drap l'Hellebore,
La Rue, le Cumin, la blonde Mandragore
Rāpent artistemēt : là sont au vif pourtraits

Du Bartas		O. Férier	Signes zodiacaux
Montagne	Sapin	Olivier	Bélier
	Larix	Myrthe	Taureau
	Cèdre	Laurier	Gémeaux
	Buis	Lorille	Cancer
Champs et Côteaux	Chêne	Chêne	Lion
	Charme	Pommier	Vierge
	Liège	Buis	Balance
	Ormeau	Cormier	Scorpion
Rivières et Fleuves	Aulne	Palmier	Sagittaire
	Saule	Pin	Capricorne
	Osier	Raminus	Verseau
	Peuplier	Ulme	Poissons

Se reporter aussi à N.J. Heather : *The Concept of Order in the « Sepmaines » of Du Bartas*, thèse dactylographiée, 1979, New University of Ulster.

21. *O.C.* : p. 483, *Seconde Semaine, Quatrième Jour, Seconde Partie, La Magnificence*, vers 796.
22. *O.C.* : p. 484, *Seconde Semaine, Quatrième Jour, Seconde Partie, La Magnificence*, vers 809-810.

L'ours, le Porc, le Chameau, l'Asne y brait à peu pres :
L'oiseau Strymonien, comme il semble, y criaille
Et le Pan y piafe ; il porte pour medaille
Une grand' Cornaline, où d'un burin profond
L'artisan a gravé le temps au triple front ;
Tous ses pas sont pesans, et morne son visage,
Son corps est bien ici, mais ailleurs son courage.
Là le seigneur Zedec va d'un pied plus dispos,
Il est beau, gai, gentil, sur son robuste dos
Un vestement tissu et de soye et de bisse,
Retirant sur l'estain à grand's couches se plisse,
Figuré d'oliviers, de violes, de lis,
D'almes Mirobalans, de chesnes et espis,
Tout bordé de Faisans, d'aigles aux brunes ailes
Et d'Elephans chargés de branlantes tourelles,
Poignant de Diamans, d'Esmeraudes semé,
Et de douces odeurs haut et bas parfumé.
Le tiers haste encor plus sur la mesme carriere
De son pyrique bal la desmarche guerriere,
Sa face est toute en feu, maint Iapse grād et beau,
Mainte Amethiste luit sur le riche pommeau
De son glaive courbé du pied iusqu'à la teste,
Sur son corps vigoureux l'acier fourbi bluette,
Son bouclier flambe d'or, dessus ses bords gravés
Courent Loups et Chevaux, en bosse relevés,
Et sa circonference est, pour crespine ornée
D'un rameau contrefait d'Euphorbe et Scāmonee.
O belle, qui es-tu ! qui du feu de tes yeux
Enflammes l'Ocean, l'Air, la Terre et les Cieux,
Qui es-tu ? di-le nous, ô des belles la belle.
A qui le passereau, la Tourte et Colombelle
Font nuict et iour la cour, dont les cheveux dorés
Sont de rose, de thim, et de Myrthe entourés !
Qui ceins tes flancs d'un ceste odorantemēt riche,
Où l'escadron mignard des doux amours se niche,
Qui portes un habit de Grenadiers bordé,
Boutonné de Saphirs, et de Berils bordé !
Dont le pied fredonneur suit ore, ore devance
Par l'estoilé plancher le Prince guide-dance :
Belle, n'est-ce pas toi qui d'un feu-chaste doux
En un cœur as fondu les cœurs de nos espoux ?
Et cil qui, te suivant, mignarde ses passages,
Subtil, n'en fit-il pas les eloquens messages ?
O quel estrange habit ! son manteau bigarré
De ruisseaux d'argent vif semble estre chamarré,
Et chasque bande encor, ondant par l'escarlate,
Au bout a pour flocon un Porphire, une Agate.
Une mute de chiens poursuit ici le Daim,
Là le Renard rusé, là le Chevreuil soudain,

Les Calandres ici, Linotes, Philomelles
Feintes sur arbres feints, laissãs pēdre leurs aisles,
Semblent enfler leur gorge, et former une voix,
Qui, fleuretante, veut faire honte aux haut-bois.
Le persil, Fume-terre, et Pimpenelle, ombrage
Les crepelés cheveux de son tortis fueillage :
Il tourne, il vire-vouste, il est gaillard et prompt,
Il fait maints petits rõds en faisant son grãd rond,
Son cours deçà delà, bigarre, se va tordre,
Et, toutes fois, on void un ordre en ce désordre. »[23]

Suivent les descriptions de la reine et de Salomon, identifiés respectivement à la Lune et au Soleil[24]. Dans leur costume et leur portrait, le poète, comme pour les autres planètes, a fait allusion au bestiaire, aux métaux et aux plantes en relation avec les deux astres. La sagesse et le savoir encyclopédique de Salomon sont célébrés à travers ce bal où les harmonies du monde, des planètes et de l'homme se confondent. Les clichés et les séries de correspondances sont intégrés dans ce cas au déroulement de l'aventure. On remarque même, dans les vers consacrés à la Lune et au Soleil, une touche personnelle dans l'expression poétique du mouvement céleste[25] et la présentation des éclipses[26]. Imitant *Le Cantique des Cantiques*, Du Bartas a laissé libre cours à son lyrisme qui culmine lors du dialogue entre le roi et la reine, le Soleil et la Lune, l'amant et l'aimée[27].

Les analogies entre le cosmos et l'homme, obsédantes au XVIe siècle, accèdent dans « *La Magnificence* » à une réelle qualité esthétique. Malheureusement, Du Bartas n'est parvenu qu'épisodiquement à cette élévation où les métaphores conventionnelles s'insèrent au rythme du vers et s'unissent à l'histoire rapportée. L'astrologie n'a donc pas ouvert au poète un autre univers.

23. *O.C.* : pp. 484-485, *Seconde Semaine, Quatrième Jour, Seconde Partie, La Magnificence*, vers 813-876.

24. *O.C.* : pp. 485-487, *Seconde Semaine, Quatrième Jour, Seconde Partie, La Magnificence*, vers 877-936.

25. *O.C.* : p. 487, *Seconde Semaine, Quatrième Jour, Seconde Partie, La Magnificence*, vers 937-942 : « Ces bien-heureux amans, d'un pas exercité / Trepignent en avant, en arriere, à costé. / Ils dansent, à la voix, la pavane espagnole, / Et iamais toutesfois, leur plaisante carole / Ne sort point hors des bords du baudrier, qui, gravé / D'estoilés animaux, biaise le pavé. ».

26. *O.C.* : p. 487, *Seconde Semaine, Quatrième Jour, Seconde Partie, La Magnificence*, vers 955-958 : « Que si quelque importun se fourre à l'improviste / Entre les deux amans, elle vient toute triste, / Vous diriez qu'elle meurt, son œil brillât s'esteit, / Tãt peu en un cœur haut un feu chastemēt saint. »

27. *O.C.* : pp. 487-488, *Seconde Semaine, Quatrième Jour, Seconde Partie, La Magnificence*, vers 963-986.

L'expérience de Shakespeare et, à un degré moindre, celle de Ronsard, lui étaient étrangères. Il a prêté attention à l'astrologie en tant que forme révélatrice de la réalité, mais a méconnu la profondeur de la symbolique poétique de cette science. Au gré de son inspiration, il a forgé quelques images astrologiques réussies en faisant du zodiaque et de la gamme des planètes, des sources de la poétisation. On devine alors quels critères vont guider sa sensibilité : ce seront ceux qui marieront la clarté à la profusion, le classement au désordre : les nombres.

Si l'on réfléchit aux nombres qui reviennent dans quelques séquences de *La Sepmaine* ou à la somme des vers de l'ensemble du poème, il est difficile d'affirmer que Du Bartas ait négligé la symbolique numérique, mais il n'est pas pour autant aisé de préciser la manière dont il l'a utilisée. Dans cette poésie, où chaque objet découvert appelle un autre objet, où la Création révèle enfin sa vraie nature grâce à l'échelle et à la hiérarchie des êtres et des choses, Du Bartas paraît s'être limité à des techniques éprouvées que Scève, entre autres, avait employées. Lui, qui refusait d'accorder crédit aux interprétations symboliques compliquées[28], a néanmoins eu recours aux symboles numériques pour favoriser l'expression esthétique des réalités qu'il découvrait. Cet effort, qui pourrait être jugé insuffisant, traduit un état d'esprit, car une connivence entre les vers, les nombres et le sujet de la description restait à trouver pour Du Bartas, comme pour ses contemporains qui savaient bien que la poésie n'est pas un jeu d'esthète ni un divertissement consolateur, mais une quête du réel, un voyage dans le cosmos, vers plus de transparence et de certitude. Le trajet imaginaire suivi par le poète gascon, du monde à l'œuvre écrite, s'est singulièrement enrichi par l'apport des nombres, qui sert de fondement à toute lecture de l'univers comme à toute création poétique.

On décèle, avec un peu de patience, dans maintes séquences, généralement courtes, l'usage de tel ou tel chiffre. Sans aboutir à une écriture chiffrée, on constate que cet emploi résulte d'une démarche consciente et concentre, voire privilégie une signification seconde, dans ces vers du *Premier Jour* de *La Première Sepmaine* par exemple :

---

28. *Les Œuvres poétiques (...) de Du Bartas*, éd. citée, de J. Choüet, 1608, « Advertissement... », pp. 5 recto-8 recto.

« Or donc avant tout têps, matiere, forme et lieu	1 2 3 4
Dieu tout en tout estoit, et tout estoit en Dieu,	1 2 3
Incompris, infini, immuable, impassible,	1 2 3 4
Tout-esprit, tout-lumiere, immortel, invisible,	1 2 3 4
Pur, sage, iuste, et bon, Dieu seul regnoit en paix :	1 2 3 4
Dieu de soi-mesme estoit et l'hoste et le palais. »[29]	

L'enchaînement de répétitions et d'accumulations fait ressortir les chiffres trois et quatre. Ce n'est pas un hasard, dès l'instant où l'on sait que trois désigne la divinité et quatre, l'équilibre du cosmos ou la terre. Avec autant de netteté, le symbolisme du chiffre quatre est exploité par l'écrivain lorsqu'au *Second Jour* il mentionne les quatre saisons, les quatre âges, les quatre humeurs, les quatre éléments et les quatre vents. En huit vers, on voit se dessiner une synthèse des données cosmologiques les plus convention-nelles[30]. Peu importe la banalité de ces correspondances entre l'homme et l'univers pourvu que le tableau d'ensemble soit, par le pouvoir des vers, arraché à l'indifférence du temps. Ainsi, les nombres, bien que constituant une trame parfois difficilement repérable, ont pour fonction de prouver que tout est organisé, que le monde, la nature et l'homme entretiennent des liens : par les chiffres, macrocosme et microcosme sont dotés d'un sens supérieur. Aussi est-il normal que Du Bartas s'efforce de réduire ses relevés scientifiques aux lois d'Arithmétique. Caractéristiques sont, à ce titre, les parallèles entre les maladies et les âges de l'homme[31], la peinture des arbres[32] et la célèbre métaphore du paon où les divisions reposant sur le chiffre quatre imposent un rythme à la formulation poétique :

1	1	« I'admire la grandeur d'une haute montagne,	1
2	2	L'agreable beauté d'une verte campagne,	2
3	3	Le nombre du sablon de l'ondeux element,	3
4	4	Et l'attrayant pouvoir de la pierre d'eymant :	4
5	5	Mais plus des astres clairs i'admire, ou plus i'y pense,	
6	6	La grandeur, la beauté, le nombre, la puissance,	
7	1	*Comme un Paô*, qui navré du picqueron d'amour	
8	2	Veut faire, piafard, à sa dame la cour,	1
9	3	Tasche estaller en rond les thresors de ses aisles	2
10	4	Peinturees d'azur, marquetees d'estoiles,	

29. *O.C.* : p. 12, *Première Semaine, Premier Jour*, vers 25-30.
30. *O.C.* : pp. 45-46, *Première Semaine, Second Jour*, vers 575-582.
31. *Supra* note 14.
32. *Supra* note 20.

11	5	Rouant tout à l'entour d'un craquetant cerceau,	
12	6	Afin que sŏ beau corps paroisse encor plus beau :	3
13	1	Le firmament atteint d'une pareille flame	
14	2	Desploye tous ses biens, rode autour de sa dame,	1 2
15	3	Tend son rideau d'azur de iaune tavelé,	3
16	4	Houpé de flocons d'or, d'ardans yeux piolé,	
17	5	Pommelé haut et bas de flambantes rouëlles,	
18	6	Moucheté de clairs feux, et parsemé d'estoilles,	
19	7	Pour faire que Ceres aille plus ardamment	4
20	8	Recevoir le doux fruict de son embrasement. »[33]	

On a l'impression que les vers restituent une ordonnance savante, presque rituelle, qui s'est imposée à l'esprit du poète avec d'autant plus de force que le chiffre « quatre » était propre à signifier l'équilibre du monde. Du Bartas, comme ses contemporains, était également sensible au symbolisme du nombre trois, nombre de la Sainte Trinité[34], de la louange[35] et du rituel[36]. Mais à l'opposé de Dante, Ronsard ou Spenser, il n'a pas voulu prêter aux répétitions numériques une puissance incantatoire. Il s'est contenté d'employer les nombres pour sous-tendre la cohérence d'une description, d'un récit ou d'une classification.

Un soin cependant plus attentif accordé à l'arithmétique du poème se manifeste dans « Les Colomnes » et « La Magnificence » qui glorifient avec éclat le savoir et son plus illustre représentant, Salomon. Dans « Les Colomnes », après une rapide introduction, vient la peinture détaillée de chaque science avec ses emblèmes, ses attributs et ses pouvoirs. On y observe que les mêmes catégories formelles ont servi à présenter les quatre Muses Arithmétique, Géométrie, Astronomie, et Musique. C'est ainsi que leurs portraits sont brossés, à tour de rôle, d'une manière identique :

33. *O.C.* : p. 92, *Première Semaine, Quatrième Jour*, vers 165-184 ; voir Y. Bellenger : « Les Paysages de la Création dans « La Sepmaine » de Du Bartas », in *C.A.I.E.F.*, n° 29, 1977, pp. 7-23, p. 19.

34. Le symbolisme de la Sainte Trinité était particulièrement apprécié des poètes renaissants.

35. *O.C.* : pp. 82-83, *Première Semaine, Troisième Jour*, vers 851-870 (851, 857, 861).

36. Sur ce point Du Bartas est l'héritier des anciens comme des clercs, penseurs, théologiens et philosophes du Moyen Age et de la Renaissance (Père L. Paccioli : *Divine Proportione*, Venetiis, per Paganinum de Paganinis de Briscia, 1509, in-fol. ; P. Bongo : *Mysticae numerorum significationis (...)*, Bergame, Comi Venturae, 1584-1585, in- fol). Se reporter à : V.F. Hopper : *Medieval Number Symbolism. Its sources, meanings, and influence on thought and expression*, Columbia, Un. Press, 1938.

« Celle-là qui tousiours remue, comme il semble
En sa lãgue, et ses doigts, qui leve, couche, assẽble
Ses gets en cent façons, est l'art industrieux
Qui peut hardi, conter les medailles des cieux,
Les glaçons de l'Hyver, et les fleurs diaprees
Dont l'odoreux Printemps enghirlãde les prees,
Il pare sa beauté d'un magnifique attour,
Il a de grands monceaux d'argent tout à l'ẽtour.
Le ciel, comme on diroit sur sa teste sacree
Verse les clairs thresors d'une pluye doree.
Sa robe est à plein fonds. A sa ceinture pend
Au lieu d'un clair miroir, un tableau qui cõprend
L'hõneur de son sçavoir : et maugré tãt de siecles,
Garde cõme en despost la plus part de ses regles.

La Vierge au frõt terny, la Nymphe au dos vouté,
Qui triste, contre terre a tousiours l'œil planté,
Et qui, comme on diroit, d'une verge sçavante
Imprime quelques traicts dans l'arene mouvãte :
Qui porte un beau manteau de Torrẽts, chamarré,
Recamé de fin Or, de cent fleurs bigarré,
Parsemé d'Orangiers, Pins, Grenadiers, Yeuses,
Et frangé de l'azur de nos mers orageuses :
De qui les brodequins poudreux et deschirez
Monstrent qu'elle a couru les climats alterez,
Et les terroirs du Nord : est la Geometrie,
Guide des artisans, mere de Symmetrie,
Ame des instruments en effects si divers,
Loy mesme de la Loy qui forma l'Univers.

Elle a pour Diademe un argenté Croissant,
Sous qui iusqu'aux talons à iaunes flocs descend
Un Comet allumé, pour yeux, deux Escarboucles :
Pour robe un bleu Rideau, que deux luisãtes boucles
Attachent sur l'espaule, un damas azuré,
D'estoilles, d'animaux richement figuré :
Et pour plumes encor elle porte les ailes
De l'oiseau moucheté de brillantes rouelles.

                    Cher fils, ce teĩt mignard,
La douceur de ces yeux, ce pied qui fretillard
Semble tousiours danser : les guiterres, les fluttes
Les cistres, les cornets, les luths, les saquebutes,
Et les lyres encor qu'autour d'elle tu vois,
Nous mõstrẽt que c'est l'Art qui modere la voix,

> Qui mesnage le vent, et qui guide maistresse,
> Dessus les nerfs parleurs de nos nerfs la souplesse,
> Le discordant accord, la sacree harmonie,
> Et la nombreuse loy, qui tenoit compaignie
> A Dieu, lors, qu'il voulut donner, ingenieux,
> A la terre repos, et des ailes aux cieux. »[37]

En somme, Du Bartas a écrit quatre fois le même texte en apportant quelques variantes qui n'affectent pas la présentation d'ensemble, puisqu'à ces portraits allégoriques succède l'explication théorique des sciences et de leurs applications. Du Bartas qui, à propos de Dame Arithmétique, mentionnait une série de chiffres[38], a, semble-t-il, usé du symbolisme numérique dans « *Les Colomnes* » où la somme des vers consacrés à l'astronomie, 426, donne, par addition arithmosophique, douze[39]. Ce résultat est en relation avec le sujet le plus largement traité : les douze signes du zodiaque. Aussi, l'interprétation biblique du zodiaque comportant trente vers est-elle particulièrement significative puisque trente peut être compris comme le produit de trois (la Sainte Trinité) et de dix (la divine Tetratkys)[40]. Dans le prolongement de ces hypothèses, signalons encore l'utilisation de douze vers pour caractériser la musique céleste[41] et l'emploi de dix vers pour définir celle des humeurs, des élements et des saisons :

> « Or tous ces contr'accēts enchanteusemēt doux
> Plus clair que dans le ciel s'entēdēt parmi nous,

37. *O.C.* : pp. 307-321, *Seconde Semaine, Second Jour, Quatrième Partie, Les Colomnes*, vers 77-90 (Arithmétique), 135-148 (Géométrie), 247-254 (Astronomie), 679-690 (Musique). Ces portraits sont conformes aux représentations médiévales et à celles du *Tarot de Mantegna* : Lame XXIV : la Géométrie ; Lame XXV : l'Arithmétique ; Lame XXVI : la Musique ; Lame XXXI : l'Astronomie. Consulter aussi J. Roger « Science et littérature à l'âge baroque », *Letteratura e scienza nella storia della cultura italiana* (Atti del IX Congresso dell'Associazione internazionale per gli studi di lingua e letteratura italiana), Palerme, Manfredi, 1979, pp. 83-101.

38. *O.C.* : pp. 307-308, *Seconde Semaine, Second Jour, Quatrième Partie, Les Colomnes*, vers 91-128. Du Bartas s'est là inspiré de Macrobe : *Commentaire du Songe de Scipion tiré de la République de Cicéron*, I, 5 et I, 6.

39. Développements respectifs : Arithmétique, 58 vers, Géométrie, 118 vers, Astronomie, 426 vers et Musique, 78 vers. La part essentielle est bien celle dévolue à Uranie.

40. *O.C.* : pp. 317-318, *Seconde Semaine, Second Jour, Quatrième Partie, Les Colomnes*, vers 499-528 et p. 308, vers 123-124.

41. *O.C.* : p. 322, *Seconde Semaine, Second Jour, Quatrième Partie, Les Colomnes*, vers 697-708.

La plus pesante humeur, l'Hyver, la terre basse,
Vont tenant la partie et plus lente, et plus casse.
Le phlegme blãchissãt, l'humide Autõne, et l'Eau
La teneur qui tousiours coule cõme un niveau.
Le sang, la Prime, et l'Air transparentement rare,
La Voix qui fleuretant se peint, se tord, s'esgare.
La Cholere, l'Esté, l'Element sec et chaut.
La corde plus tendue et le son le plus haut. »[42]

Jusqu'à un certain point, le poète a donc été influencé par la tradition qui attribuait à quatre, dix et douze des valeurs en rapport avec la structure du cosmos.

La longueur de « *La Magnificence* », 1292 vers, offre matière à réflexion car, toujours par addition arithmosophique, 1292 donne 14. Dans la mesure où l'argument du texte se ramène en dernière analyse à la description de la sagesse, de la vertu et de la tempérance de Salomon, il est possible de penser que le chiffre 14, renvoyant à la Lame XIV du Tarot, La Tempérance, est ici une clé supplémentaire pour décrypter l'intention du poète. Du Bartas, qui glorifiait Salomon, parangon de vertu et de science, n'aurait-il pas essayé de prouver, par le nombre et l'agencement des vers, qu'il était lui aussi l'héritier spirituel de ce roi qui avait cru aux pouvoirs d'Arithmétique ? Au commencement de « *La Magnificence* », tout en dévoilant son manque d'inspiration, sa lassitude et la faiblesse de ses vers, « lasches, clochans, rudes et mal-limés »[43], le poète proclamait qu'« il n'y a rien de beau qui ne soit mal-aisé »[44]. Que ce soit dans l'évocation du bal des planètes, déjà étudiée, ou dans le rappel des hauts faits de Salomon, bâtisseur du Temple de Jérusalem et poète, Du Bartas a prêté attention à la numérologie, comme son modèle Salomon, soucieux de rappeler dans ses œuvres le plan de la Création. Le Temple de Jérusalem est par exemple calqué sur la composition de l'univers, dont il est une représentation :

---

42. *O.C.* : p. 322, *Seconde Semaine, Second Jour, Quatrième Partie, Les Colomnes*, vers 709-718 ; J. Dauphiné : « Une vision musicale du monde au XVIe siècle : Du Monin », *Studi Francesi*, 1976, n° 59, pp. 269-277.
43. *O.C.* : p. 465, *Seconde Semaine, Quatrième Jour, Seconde Partie, La Magnificence*, vers 38.
44. *O.C.* : p. 465, *Seconde Semaine, Quatrième Jour, Seconde Partie. La Magnificence*, vers 42.

« O parfait Artisan ! tu tiras ton ouvrage
Sur l'Idee du monde, et comme l'Univers
Fut iadis partagé en trois lots tout divers,   I   II   III
Et que de l'Eternel la tout-puissante dextre
En fit un tout *divin*, un *celeste*, un *terrestre*

Tu divises en trois ceste maison sacree,	1	1	
L'un est le sainct des saincts où nul n'a son entrée	2	2	I
Que Dieu, les Cherubins, et cil qui tient le lieu	3	3	
Du vrai Melchisedec eternel fils de Dieu.	4	4	

L'interieur Parvis n'est ouvert qu'aux Levites,	1	5	
Qui iettent, clairs soleils, sur les Israelites	2	6	II
Les raiz de leur doctrine, et se paissans du miel	3	7	
Qui coule de la Loy, sont ia bourgeois du Ciel.	4	8	

Tu destines encor les porches au vulgaire,	1	9	
Au peuple colé-bas, au monde elementaire :	2	10	III
Et fais, ouvrier meslé, fleurir en toutes parts	3	11	
De Miron, de Phidie et d'Apelle les arts. »[45]	4	12	

Les analogies établies, la disposition versifiée et l'ordre adopté fournissent la preuve que le poète a consciemment recherché un mouvement analytique, apte à restituer l'équilibre qu'il entrevoyait entre le monde et le Temple de Salomon. Les douze vers décrivant ce Temple ont à la fois pour fonction de célébrer les trois mondes créés par Dieu, de suggérer l'harmonie des quatre éléments, des douze signes du zodiaque, des douze tribus d'Israël, des douze portes de la Jérusalem céleste... La systématisation symbolique se poursuit par ces vers :

« Ce patron te plaist tant que, sur lui tu modelles	1	1	
De ton divin esprit les veilles eternelles :	2	2	
Ton livre, d'aigus mots richement marqueté,	3	3	
Peut estre richement au porche r'apporté,	4	4	III
D'autant qu'il nous fournit de loix oeconomiqs,	5	5	
D'enseignements privés, de reigles politiques,	6	6	
Et que les traicts qu'à tous pesle-mesle il depart,	7	7	
Aux affaires humains visent pour la plupart.	8	8	

---

45. *O.C.* : pp. 489-490, *Seconde Semaine, Quatrième Jour, Seconde Partie, La Magnificence*, vers 1052-1056, 1067-1078.

Aux parvis de dedans, l'Ecclesiaste semble :	1	9
Il pestrit, sous les pieds tout ce q̃ l'hóme assemble	2	10
D'agreable, de beau, de bon, de précieux,	3	11	II
Nous retire d'ici, pour nous loger es Cieux :	4	12
Et criant, Vanité, vanité tout le monde,	5	13
Sur la crainte de Dieu tout l'heur de l'hóme fõde.	6	14

L'Oratoire est ce chant, où d'un mystique vers	1	15
Tu maries Iacob au Roy de l'Univers.	2	16
Où tu fais retentir le doux Epithalame	3	17
De l'Eglise et de Christ, où des fideles l'ame	4	18	I
Devise avec son Dieu, oit l'air de ses accens,	5	19
Se quintessence au feu de ses yeux, doux-perçans,	6	20
Iouyt de ses amours, et dans sa chaste couche	7	21
Baise amoureusement d'amour mesme la bouche. »[46]	8	22

Les équivalences entre les trois mondes — divin, céleste, terrestre - les trois parties du Temple - le saint des saints, le parvis, le porche - et les trois écrits de Salomon - *Le Cantique des Cantiques, L'Ecclésiaste, Les Proverbes* — confèrent à ces vers une tonalité originale d'autant qu'au nombre de vingt-deux, ils correspondent aux vingt-deux lettres de l'alphabet hébreu. On note aussi que le découpage versifié : huit vers, six vers, huit vers, est en rapport direct avec les réductions arithmosophiques des chapitres distingués dans *Les Proverbes* (31 chap. = 4 = 4. 2 = 8), *L'Ecclésiaste* (12 chap. = 3 = 3. 2 = 6) et *Le Cantique des Cantiques* (8 chap. = 8). Il est manifeste que l'entreprise de Salomon est exemplaire aux yeux du poète scientifique, désireux de magnifier le savoir de ce roi. L'insistance avec laquelle il a privilégié la division ternaire, comme gage de réussite de l'œuvre, indique que « La Magnificence » était écrit pour rendre compte des beautés du monde et de leur organisation. Parallèlement, la lecture de Salomon a conforté Du Bartas dans son idée que sa *Sepmaine* pouvait être semblable à un édifice ou à un palais.

A la fin de ce poème, les leçons que Salomon prodigue à la reine de Saba ont fait aussi l'objet d'une élaboration minutieuse. Un premier passage, quarante vers au total, définit Dieu dans les dix premiers et expose ensuite sa puissance, assurant l'harmonie du « Temple » du monde[47]. Le chiffre dix convient à la divinité comme

46. *O.C.* : p. 490, *Seconde Semaine, Quatrième Jour, Seconde Partie, La Magnificence*, vers 1079-1100.
47. *O.C.* : p. 493, *Seconde Semaine, Quatrième Jour, Seconde Partie, La Magnificence*, vers 1213.

à la définition de la structure élémentaire du cosmos (40 = 4.10 ;
10 = 1 + 2 + 3 + 4). La réponse de Salomon à la reine, longue de
vingt-huit vers[48], ce qui désigne encore le dénaire (28 = 10), peut
être comprise comme le triomphe de l'unité divine sur la matière, le
monde et les âmes. Dans cette interprétation, vingt-huit est
décomposé comme suit : unité divine un, cosmos vingt-sept, en
accord avec le triangle platonicien, si connu au XVIe siècle, où 27
désignait le monde.

Il est probable que Du Bartas n'a pas été totalement indifférent à
la numérologie symbolique, même si dans sa production, elle reste
relativement peu employée. On est en droit en tout cas de
s'interroger sur la somme versifiée de chaque jour[49] et il est
intéressant de remarquer que, par addition arithmosophique, on
obtient les correspondances suivantes :

I Jour	766	vers = 19 = Le Soleil (19 = 10 = 5.2)
II Jour	1160	vers = 8 = La Justice
III Jour	992	vers = 20 = Le Jugement
IV Jour	788	vers = 23 = Le Pape
V Jour	1018	vers = 10 = La Roue de Fortune
VI Jour	1054	vers = 10 = La Roue de Fortune (10 = 5.2)
VII Jour	716	vers = 14 = La Tempérance (14 = 5)
Total	6494	vers = 23 = 5 = Le Pape

La place occupée par le Pape, cinquième arcane du Tarot, est
prépondérante. Or, dans le Tarot, le Pape est un personnage qui
détient la vérité ou est sur le point de l'atteindre. La présence
secrète de cet arcane est elle-même en relation avec les grands
thèmes religieux du poème « sacré » de *La Sepmaine*. Enfin le total
des vers — 6494 —, mis en relation avec les valeurs attribuées aux
lettres de l'alphabet hébreu, désigne les lettres O D T D que Jean
Richer propose de lire *Omnipotens Deus Templi Dominus*[50]. Une
fois encore, s'impose à l'esprit la comparaison polysémique du
temple.

48. *O.C.* : p. 494, *Seconde Semaine, Quatrième Jour, Seconde Partie, La
Magnificence*, vers 1235-1261.
49. Nous suivons, dans ce cas, la somme des vers de l'édition critique *The
Works of G. de S. Sieur Du Bartas*, éd. citée.
50. Démarche fondée puisque nous l'avons vu, *supra* note 8, Du Bartas
connaissait les transformations numériques autorisées par la Kabbale.

Sous la protection d'Uranie, Du Bartas s'est lancé sur les voies de la haute science sans pour autant cultiver une esthétique ésotérique. On est tenté d'affirmer qu'il s'est détourné de l'ésotérisme néo-platonicien, pour privilégier, de préférence, l'accent religieux, celui de David, de Salomon et de Clément d'Alexandrie. Astrologie et numérologie apportent de toute façon à *La Sepmaine* une richesse supplémentaire, parce que ces deux sciences contribuent, en dépit des clichés repris par le poète, à mettre en évidence une manière de procéder, une *forme de la pensée*. Si Du Bartas a pris au sérieux l'interrogation des astres et s'il a été attentif aux pouvoirs du nombre, cela ne signifie nullement qu'il ait composé un poème allégorique, difficile à déchiffrer. L'ésotérisme dans son œuvre reste limité, car, d'abord soucieux d'agir sur l'esprit des lecteurs, il se méfiait d'une écriture symbolique qui débouchait sur l'abstraction. Avant tout il a voulu toucher et, pour atteindre son but, il était inévitablement amené à peindre, à visualiser. Son dessein n'était pas de composer une œuvre abstraite, mais d'écrire un chant qui soit le contrepoint de la puissance manifestée par l'Eternel.

Porter un jugement sur l'ésotérisme bartasien s'avère problématique, *La Seconde Sepmaine* du nouvel Orphée étant inachevée. Les promesses de quelques morceaux particulièrement élaborés des « *Colomnes* » et de « *La Magnificence* » ne suffisent pas à ériger, en principe esthétique et fondement des *Sepmaines,* la science des nombres ou la règle des étoiles. On est en droit d'être déçu par le résultat obtenu, surtout, si l'on songe aux éloges qu'ont fait de l'ouvrage les intellectuels, penseurs et philosophes de la fin du XVIe siècle. En réalité, l'attitude de ces derniers s'explique si l'on se rappelle que Du Bartas a donné à voir l'impossible, en présentant comme vraisemblables des phénomènes relevant de l'extraordinaire, de l'indicible et de la foi. Dévidant l'écheveau des sciences, il a voulu explorer de manière exhaustive les territoires de l'être.

CHAPITRE V

LA QUERELLE DE « LA SEPMAINE »

La publication du *de Revolutionibus orbium coelestium* de Copernic en 1543 et la parution de *La Sepmaine* en 1578 n'avaient apparemment aucun rapport, aucun lien. La somme cosmologique de Du Bartas ne se rattachait pas au traité de l'astronome polonais. Les calculs et hypothèses de ce dernier détruisaient la conception traditionnelle du cosmos, celle que nombre de poètes avaient chantée, celle que Du Bartas défendait et prônait dans sa *Sepmaine*. L'influence conjuguée des *Hymnes* ronsardiens et de *La Création du monde* a favorisé la mode des poèmes scientifiques qui suivaient le plan ptoléméen du monde, avec parfois de légères modifications.

La Sepmaine, au succès indiscutable, a tout de même été une œuvre discutée ! Admirateurs mais aussi contradicteurs ont prêté attention aux idées qu'elle exposait. Le débat, de littéraire, devint philosophique, scientifique et religieux, et dans la querelle auquel il donna lieu, on eut recours à l'*argument* Copernic[1]. Le rejet ou l'acceptation des théories coperniciennes mettait en jeu l'adhésion à la vision cosmologique traditionnelle. Aussi est-il intéressant de réfléchir sur l'opinion de Du Bartas, puis sur celle de ses imitateurs, détracteurs ou défenseurs, afin d'apporter quelques éléments complémentaires aux recherches jadis entreprises par Plattard[2] et de souligner un point essentiel, trop souvent négligé, de la querelle de *La Sepmaine*.

Du Bartas, poète de la haute science, disciple inspiré d'Uranie, connaissait les hypothèses de Copernic. L'héritage de la cosmologie

---

1. J. Dauphiné : « L'argument Copernic dans la querelle de *La Sepmaine* de Du Bartas », *Bulletin de l'Association des Professeurs de Lettres*, déc. 1979, nᵒ 12, pp. 6-14, et « Palingenius, Du Bartas, de Gamon, De Rivière et le système de Copernic », *IVᵉ Congrès néo-latin de Bologne*, 26 août-1ᵉʳ septembre 1979.

2. J. Plattard : « Le système de Copernic dans la littérature française au XVIᵉ siècle », *Revue du Seizième siècle*, 1913, tome I, fasc. 1-2, pp. 220-237.

antique et médiévale l'a néanmoins séduit davantage que les propositions du savant polonais. Avec ses multiples correspondances, ses « mystérieux secrets », ses forces émanatrices, le cosmos de Ptolémée, de Dante, de Pontano aussi lui convenait mieux. A la suite de ses illustres prédécesseurs, en dépit des progrès de l'astronomie, Du Bartas concevait le cosmos comme un monde clos, une boule, une balle, dont la terre occupait le centre.

Ainsi que le relevait Plattard, il a condamné avec fermeté la théorie héliocentrique et ses tenants, « esprits frenetiques / Qui se perdēt tousiours par des sentiers obliques, / Et, de mōstres forgeurs, ne peuvent point ramer / Sur les paisibles flots d'une commune mer. »[3]. Il poursuivait en ces termes :

> « Tels sont cōme ie croy, ces escrivains, qui pēsent
> Que ce ne sont les Cieux ou les astres qui dāsent
> A l'entour de la terre ; ains que la Terre fait
> Chasque iour naturel un tour vray'ment parfait :
> Que nous semblons ceux-la, qui pour courir fortune
> Tentent le dos flotant de l'azuré Neptune,
> Et nouveaux, cuidēt voir, quād ils quittēt le port,
> La nef demeurer ferme, et reculer le bord. »[4]

Suivent des remarques de bon sens qui, aujourd'hui, paraissent bien ridicules, mais ne l'étaient pas alors, et enfin la réfutation dans les vers suivants :

> « Armé de ces raisons ie combatrois en vain
> Les subtiles raisons de ce docte Germain,
> Qui pour mieux de ces feux sauver les apparēces,
> Assigne, industrieux, à la terre trois dances :
> Au centre de ce Tout le clair soleil rengeant,
> Et Phœbe, l'Eau, la Terre en mesme rond logeant.
> Et pource qu'à ce coup le temp et la matiere

3. *O.C.* : p. 91, *Première Sepmaine, Quatrième Jour*, vers 125-128.

4. *O.C.* : p. 91, *Première Sepmaine, Quatrième Jour*, vers 129-136, Du Bartas se souvient d'un passage du *de Revolutionibus* de Copernic, Liber I, cap. VIII : « ... neque fateamur ipsius quotidianae revolutionis in caelo apparentiam esse, et in terra veritatem ? Et haec perinde se habere, ac si diceret Virgilianus Aeneas, dum ait : *Provetimur portu, terraeque urbesque recedunt* (*En.* III, 72). Quoniam fluitante sub tranquillitate naviglio, cuncta quae extrinsecus sunt, ad motus illius imaginem moveri cernuntur a navigantibus, ac vicissim se quiescere putant cum omnibus, quae secum sunt. Ita nimirum in motu terrae potest contingere, ut totus circuire mundus existimetur. ».

> Ne me permettent point de me donner carriere
> En un stade si long : ie prens pour fondement
> De mes futurs discours l'aetheré mouvement. »[5]

Ce jugement sans appel et ce refus de s'attarder sur Copernic sont en partie justifiés par le commentaire de S. Goulart. Tout en examinant, pour le critiquer, « le Paradoxe de Copernicus »[6], Goulart a accordé quelques circonstances atténuantes aux erreurs de ce dernier qui, dans la *Préface* du *de Revolutionibus*, avait limité la portée de ses observations pour des raisons politiques et religieuses. Goulart tentait de récupérer Copernic en prétendant que le fameux astronome avait exposé la théorie héliocentrique « plus pour inciter les esprits a bie estudier en l'Astronomie que pour vouloir resoluëmet soustenir telle opinion. »[7].

Ni Du Bartas ni Goulart n'ont changé d'avis. Le poète et son zélé commentateur restaient prisonniers des habitudes intellectuelles de leur temps, des archétypes sous-jacents aux rêves, aux idées et aux représentations de leur époque. Ils étaient dans l'impossibilité psychologique de renoncer comme Oronce Finé aux cieux mystiques[8]. Il était donc difficile aux poètes, et en particulier à un poète croyant comme Du Bartas, de dénoncer un schéma cosmologique reconnu par l'Église, au profit d'une théorie qui détruisait l'anthropocentrisme, contredisait *La Genèse*, et que les autorités religieuses devaient bientôt condamner. Bien que partisan de la Réforme, le poète de *La Sepmaine* a renforcé, par son point de vue sur la science nouvelle, l'esprit de la Contre-Réforme. Le but de son œuvre, la thématique qu'elle expose et l'organisation du monde

---

5. *O.C.* : pp. 91-92, *Première Sepmaine, Quatrième Jour,* vers 155-164. P. Thevenin dans son commentaire de *La Sepmaine,* Paris, D. Cotinet, 1584, pp. 358-360, condamnait Copernic et soutenait le point de vue de Du Bartas. De manière révélatrice, il précisait (p. 359) : « Or il demeure confessé de tous, que la Terre est le centre et le milieu du Monde. Aussi Melanthon, au rapport de Bodin, ayat entendu la sentence de Copernic, ne voulut pour la réfuter que ce verset du psal. 18 où il est dit du Soleil *Exultavit ut gygas ad curendam viam, à summo, coelo egressio eius et occursus eius usque ad summum eius, etc.* ». Se reporter aussi à J.P. de Mesmes : *Les Institutions astronomiques (...),* Paris, M. de Vascosan, 1557 où est évoquée plusieurs fois la théorie de Copernic.

6. *Œuvres poétiques (...) de Du Bartas,* éd. citée de J. Choüet, 1608, p. 342, *Première Sepmaine, Quatrième Jour.*

7. *Œuvres poétiques (...) de Du Bartas,* éd. citée de J. Choüet, 1608, p. 343, *Première Sepmaine, Quatrième Jour.*

8. O. Finé : *La Theorique des cieux et sept planetes, avec leurs mouvements, orbes et dispositions tres-utile et necessaire, tant pour l'usage et pratique des tables Astronomiques, que pour la cognoissance de l'université de ce haut monde celeste,* Paris, D. Cavellat, 1607 (1557).

qu'elle défend semblent presque inspirés des recommandations du
Concile de Trente !

Son choix est si nettement exprimé que ses lecteurs, adversaires
ou partisans, ont inévitablement rencontré ce que l'on a appelé
l'*argument* Copernic. Certains cependant l'ont délibérément ignoré,
comme Ronsard et ses émules qui s'en tinrent à des observations
d'ordre littéraire et artistique, à une critique du style « enflé » des
vers « ampoulez »[9] de *La Création du monde*. Il est symptomatique
que le chef de la Pléiade et ses amis n'aient pas attaqué le contenu
scientifique de *La Sepmaine*. Le motif en est simple : ils partageaient avec Du Bartas la même conception du cosmos. La même
remarque s'applique aux imitateurs de Du Bartas : Miles de Norry,
Joseph Du Chesne, Isaac Habert.

Le premier, dans *Les Quatre premiers livres de l'univers,* calquait
les développements de *La Sepmaine.* Au Quatrième Livre, s'il
manifeste un peu d'intérêt pour les observations du « docte
Copernic » concernant les planètes de Jupiter et de Mars[10], il
n'approfondit pas pour autant l'analyse du système héliocentrique.
A l'instar de Goulart[11], il reconnaît les mérites du « mathématicien »
Copernic mais se défie des hypothèses de l'astronome. C'est une démarche semblable qui apparaît dans *Le Grand miroir du monde* de
Joseph Du Chesne. A l'exemple de Ronsard et Du Bartas, ce dernier
a célébré l'Éternité avant de peindre la Création[12]. Plus personnel
que Miles de Norry, il a réfuté certains points de la doctrine platonicienne et attaqué l'usage des sciences occultes[13]. Au Quatrième Livre, abordant la description des planètes, du zodiaque et des cieux, il
a mentionné l'opinion copernicienne sans pour autant l'adopter :

> « I'ay quelqu'un, cependant qui le Centre conteste
> Devoir bouger plustost que le grand rond celeste.

9. P. de Ronsard : *O.C.,* Paris Gallimard, La Pléiade, 1966, t. II, p. 947.

10. M. de Norry : *Les Quatre premiers livres de l'univers,* Paris, G. Beys, 1583,
Quatrième Livre, p. 40 recto, Jupiter, p. 44 recto, Mars.

11. *Œuvres poetiques* (...) *de Du Bartas,* éd. citée de J. Choüet, p. 401. En fait
Du Bartas et Goulart reprennent les affirmations de Copernic. Ce dernier se
définissait avant tout comme un mathématicien montrant à ses lecteurs des « liqui-
dissimis demonstrationibus » (*de Revolutionibus...,* « Ad Sanctissimum dominum
Paulum III »).

12. J. Du Chesne : *Le Grand miroir du monde,* Paris, B. Honorat, 1587, Livre
I, pp. 1-38.

13. J. Du Chesne : *op. cit., Livre II,* pp. 42-44, contre la théorie platonicienne
de la matière et Livre III, p. 105, critique des sciences occultes.

> Fermes tes fondemens Coperniques ie voy,
> Mais ie suy le chemin plus battu quant à moy. »[14]

Enfin, Isaac Habert dans ses *trois livres des Meteores,* imitant à la fois Du Bartas et Miles de Norry, évitait de faire allusion à Copernic. Pour lui, comme pour maints auteurs de l'époque, l'architecture de l'univers a été définitivement établie par Ptolémée[15]. Michel Quillian dans sa *Derniere Semaine* et Guillaume de Chevalier dans *Le Decez, ou Fin du monde*[16] ont également raisonné de façon identique. Dans leurs œuvres, Copernic n'est pas même rangé parmi les grands mathématiciens. Il y a lieu de remarquer que les imitateurs de Du Bartas, à la différence de leur modèle, n'ont pas étudié les thèses du « docte Germain ». Ils ont sciemment refusé de les prendre en considération en suivant « le chemin plus battu », c'est-à-dire la conception de Ptolémée. Cette réaction est surprenante si l'on se rapporte au *Pimandre de Mercure Trismegiste,* traduit par François de Foix de Candale. Dans ce livre, publié en 1579, le traducteur, en effet, exposait les théories de Copernic :

« Aucuns pourroyent bruncher en cest endroict, qui auroyent estimé l'œuvre de Nicolas Copernic avoir esté bastie serieuse et cathegorique, traictant des mouvements celestes, ausquels il a constitué le Soleil au centre de l'univers, sans luy attribuer aucun mouvement, et proposer qu'au lieu d'environner la region elementaire chasque iour naturel, c'est toute la region elementaire, qui l'environne ensemble, avec elle les trois planetes inferieurs avec leurs spheres, le Soleil demeurant fixe et sans aucun mouvement. Davantage que nous habitans en terre le pensons voir nous environner et enceindre, et au contraire c'est nous et nostre terre qui estant portée entour luy, est éclairée une fois le iour de luy tout à l'entour, et plusieurs autres considerations, qui se pourroyent retirer de ce tres-bel oeuvre de Copernic tres-grand Mathematicien, si c'estoit nostre principal propos. Lequel nous abregerõs pour revenir au premier, et entendrons que cest homme de profond sçavoir, n'a pas voulu asseurer cathegoriquement et serieusement les mouvemẽs

---

14. J. Du Chesne : *op. cit., Livre IV,* pp. 116-117. S. Goulart dans son commentaire du *Grand miroir du monde,* Lyon, Les héritiers d'E. Vignon, 1593, pp. 338-341 montrait encore la supériorité du système de Ptolémée sur celui de Copernic et renvoyait à « la I. sepmaine de M. Du Bartas, ou se void la description de l'opinion de Copernique au 4ᵉ jour » (p. 341).

15. I. Habert : *les trois livres des Meteores avecques autres oeuvres poëtiques,* Paris, J. Richer, 1585.

16. *G. de Chevalier : Le Decez, ou Fin du monde,* Paris, R. Fizelier, 1584, « Seconde Vision », pp. 26 recto-27 verso, contenant l'exposition du système de Ptolémée ; M. Quillian : *La Dernière semaine, ou consommation du monde,* Paris, F. Huby, 1596.

estre situez en ceste maniere, que nous avons dict, mais les a proposez par hypotheses et suppositions, declarant qu'il trouve par ce moyen les quantitez des mouvements, à mesme ordre, nombre et temps, que les a declarées le grand Ptolémée en son grand oeuvre, qui les a supposé en leur vray ordre, et plus faciles a estre entenduz par aucuns. Non que Copernic vueille asseurer la disposition et situation de l'univers estre ainsi à la verité, mais seulement par supposition qui luy serve à ses demonstratiõs. Ce n'est donc pas ainsi que le Soleil est dit estre au milieu, mais il est dict estre au milieu, non de la quantité ou grandeur de la masse du monde, ains au milieu des actions et puissances divines, administrées tant par luy que les autres corps : et ce de tant qu'il est entre la terre, qui est l'une extremité la plus basse de tout le monde, et l'octave sphere, qui est la plus haute, si precisement qu'il a entour soy les autres six planetes disparties si egalement, qu'il en a trois au dessus de luy, qui sont Saturne, Jupiter et Mars, et si en a trois au dessous, à sçavoir Venus, Mercure et Lune. »[17]

François de Foix ne se ralliait pas au système copernicien. Toute sa démonstration tendait au contraire à prouver la justesse du système de Ptolémée. Habilement, il soulignait que les hypothèses de Copernic, qu'il interprétait, renforçaient les données et leçons de l'astronome d'Alexandrie. Comme C. Duret, de Cholières et S. Goulart[18], il se retranchait derrière l'ambiguïté de la *Préface* du *de Revolutionibus* pour limiter la portée des conclusions coperniciennes. *Le Pimandre de Mercure Trismegiste*, dédié à Marguerite de France, reine de Navarre, parut chez Millanges qui fut aussi l'ami et l'éditeur de Du Bartas[19]. Ces remarques, qui permettent de

---

17. François de Foix de Candale : *Le Pimandre de Mercure Trismegiste De la Philosophie Chrestienne, cognoissance du verbe divin, et de l'excellence des oeuvres de Dieu, traduit de l'exemplaire grec, avec collation tres amples commentaires*, Bordeaux, S. Millanges, 1579, p. 701.
18. C.Duret : *L'Eden ou Paradis Terrestre de la Seconde Semaine de G. De Saluste Seigneur Du Bartas* (...), éd. citée, pp. 53 recto-verso ; *Œuvres du Seigneur de Cholières*, Paris, Librairie des Bibliophiles, 1879, 2 tomes, tome II, p. 307 : « Apres disnée VIII : Des Prognostics et Predictions Astrologiques » : (Copernic) « ne veut pas qu'on tienne ses hypothèses pour veritables, combien qu'il en ait fait les demonstrations. Ayant trouvé l'impossibilité et faulseté des autres theories, qui nous ont rendu un calcul faux et mal asseuré, il s'est mis en devoir de faire mieux par hypothèses faulses qui nous puissent representer le vray calcul. Car, des propositions faulses, nous est loisible de tirer des conclusions vrayes, comme Aristote nous a enseigné ». Suivent la critique de Copernic et cette conclusion, pp. 308-309, « Puis donques que la terre est l'un des corps simples, comme est le ciel et les autres elemens, il faut necessairement conclurre qu'elle ne peut avoir qu'un seul mouvement qui luy soit propre, et neantmoins vostre brave Copernic luy en assigne trois tous differens, desquels il n'y en peut avoir qu'un propre ; les autres seroient violens, chose impossible, et, par mesmes suite, impossible que les changements des republiques viennent du mouvemnent de l'eccentrique terre. ».
19. P. Deghilage : « L'évolution religieuse de Du Bartas », *Bulletin de la Société Archéologique, Historique, Littéraire et Scientifique du Gers*, Auch, 3ᵉ trimestre,

montrer quelques analogies, voire influences, entre l'œuvre bartasienne et la traduction de François de Foix illustrent surtout une
rencontre intellectuelle. Du Bartas, François de Foix, Duret,
Goulart, Ronsard... affichaient une conviction identique : pour eux
le point de vue de Ptolémée l'emportait sur celui de Copernic. Il y a
même une sorte d'enthousiasme désespéré dans les tentatives de
Duret ou de François de Foix, pour joindre au plan cosmologique
de Ptolémée l'apport copernicien, en l'occurrence dénaturé et
amputé. Un trait de plume ne suffisait pas à effacer les propositions
avancées par Copernic. Aussi n'est-il pas étonnant qu'avec le
développement de l'esprit moderne, Du Bartas ait été quelque peu
malmené. Il était néanmoins imprévisible que les attaques les plus
vives soient le fait d'un protestant, Christophe de Gamon, qui fit
paraître en 1599 un ouvrage au titre éloquent : *La Semaine, ou
Creation du monde contre celle du Sieur du Bartas*. De Gamon
émettait de sérieuses réserves sur le style du poète[20] et dénonçait ses
conceptions scientifiques qu'il jugeait, à juste titre, erronées[21]. Au
Quatrième Jour, traitant de l'astronomie, il insérait une « Apologie
pour Copernicus, excellent astronome »[22], au cours de laquelle il
adressait ces reproches à Du Bartas :

> « C'est trop estre atizé du feu de jalousie,
> Bartas, c'est trop fouler sous les pieds de l'Envie,
> L'incomparable honneur de ce docte Germain,
> D'enseigner que voulant d'un precepte si vain
> Nos ames alaiter, il mit pour veritables,
> Le journal mouvement de la terre habitable. »[23]

Plus loin il méprisait « Ptolémée enflé d'un savoir si extresme »[24].
On pourrait s'attendre à ce que de Gamon se soit affranchi
totalement de la vision cosmologique de ses contemporains. Il n'en
est rien. S'il a défendu les théories coperniciennes, il n'en a deviné
ni les implications, ni les aboutissements. Mieux encore, sa peinture
de l'univers est restée conventionnelle. La nouvelle position du
Soleil n'a pas débouché sur une poétique inédite. Les lieux

1957, pp. 345-357 ; 4ᵉ trimestre, 1957, pp. 444-465 et C. Chadwick : « The
Religion of Du Bartas », *Modern Language Notes,* vol. 69, 1954, pp. 407-412.
   20. *La Semaine, ou Creation du monde du sieur C. de Gamon, contre
celle du Sieur du Bartas,* Genève, G. Petit, 1599, *Premier Jour,* p. 2 recto.
   21. C. de Gamon : *op. cit., Premier Jour,* pp. 5-14 : contre la doctrine du
chaos ; p. 47, contre les présages annoncés par les comètes.
   22. C. de Gamon : *op. cit., Quatrième Jour,* pp.114-117, 114.
   23. C. de Gamon : *op. cit., Quatrième Jour,* p. 114.
   24. C. de Gamon : *op. cit., Quatrième Jour,* p. 115.

communs et les clichés abondent dans le poème de C. de Gamon dont la seule originalité est d'ordre scientifique car il a été l'un des premiers à proclamer que Copernic était un « astronome ». Du Bartas, Miles de Norry, Joseph Du Chesne, François de Foix et Goulart, parmi beaucoup d'autres, ne le gratifiaient pas de ce titre. Ils lui accordaient celui de « mathématicien ». Affirmer que Copernic était un astronome revenait à opposer ses découvertes à celles de Ptolémée. Or, ce conflit, évité par Du Bartas, Goulart et François de Foix, devenait inévitable. Une fois encore dans l'histoire des idées on constate l'importance d'un mot.

De Gamon, qui a proposé dans sa *Semaine* des vues scientifiques plus justes que celles de son modèle, lui est demeuré poétiquement très inférieur. Il a certes réduit le crédit de Du Bartas, poète encyclopédique, mais n'a pas su pour autant charmer le lecteur. La volonté laborieuse, la justesse des idées avancées, le désir de rivaliser avec Du Bartas n'ont pas suffi. Traduire un discours scientifique en poésie est une délicate entreprise. Là où Dante, Ronsard, Du Bartas avaient réussi, C. de Gamon, comme plus tard Voltaire, a échoué. Cependant, en faisant de son « Apologie pour Copernicus, excellent astronome » la pierre de touche de son argumentation, il a engagé un véritable combat, une lutte de longue haleine. Au-delà des polémiques, religieuses ou politiques, et des coteries littéraires, sa *Semaine* copernicienne dessinait en filigrane une transformation de la psychè du temps. Le monde clos de Du Bartas s'entrouvrait.

Les critiques de C. de Gamon ont provoqué de vives réactions, mais avant de considérer l'attitude et la réponse des défenseurs de Du Bartas, au premier rang desquels figuraient Jean d'Escorbiac et Alexandre De Rivière, il peut s'avérer utile de relever le comportement de poètes et d'érudits qui ont traduit *La Sepmaine* ou s'en sont inspirés.

En 1578, Du Monin, dans sa pédante traduction latine, n'atténuait en rien le jugement de Du Bartas[25]. Copernic est condamné : son nom est d'ailleurs absent de l'index du livre. Pourtant, Du Monin a évolué, au point que dans *L'Uranologie, ou le Ciel* il a été plus nuancé à son égard[26]. G. de Lerm, H. Dammanis et F. Guisone, pour ne citer qu'eux, n'ont manifesté aucune réprobation et n'ont pas pris leurs distances par rapport au texte bartasien[27]. En Angleterre, où la querelle entre tenants et

---

25. J. E. Du Monin : *Beresithias, sive Mundi creatio,* éd. citée, pp. 64 recto-verso, et, à la fin de l'ouvrage, la table « Auctores, qui in hac Beresithiade ab Eduardo aut censentur, aut recensentur ».

26. J. E. Du Monin : *L'Uranologie, ou le Ciel,* Paris, Julien, 1583, p. 17 recto.

27. G. de Lerm : *op. cit.,* p. 25 verso ; H. Dammanis : *op. cit.,* pp. 160-162 ; F. Guisone : *op. cit.,* pp. 64 verso-65 recto.

détracteurs du système copernicien fut particulièrement passionnée, Sylvester et Lodge ont reproduit les vers du poète français et l'argumentation de Goulart[28]. Sylvester et Lodge appartenaient au camp des ptoléméens, si bien que Du Bartas était pour eux le champion de l'astronome d'Alexandrie, capable de défier et de vaincre les raisons du Germain. C'est ainsi qu'en 1646 encore, le Père Alexander Ross, s'efforçant de soutenir Ptolémée contre « ce lourd Prussien Copernicus » sur la question des eaux qui ne submergent pas la terre, citait un passage du *Troisième Jour* de *La Sepmaine*[29]. Pour combattre les conclusions des théories coperniciennes, Ross, naturellement, pensait à Du Bartas et se retranchait derrière son œuvre, qui faisait autorité. Tout s'est déroulé comme si érudits, traducteurs et poètes avaient maintenu une conception périmée de l'univers. Citer Du Bartas signifiait conserver la vision cosmologique traditionnelle. En Angleterre, où il ne s'agissait pas de répondre aux reproches de C. de Gamon, mais de dénoncer (comme Ross), Copernic, Galilée et leurs disciples anglais, le retentissement de la querelle fut important. En peu de temps, en une génération, l'image du monde semble se transformer. Ainsi, à la suite d'une « Prognostication » de son père, Leonard Digges, partisan de Ptolémée, Thomas Digges a ajouté un long développement sur le bien-fondé des lois coperniciennes[30]. L'opposition entre les deux grands systèmes du monde, que Galilée a su si bien exposer[31], l'emportait en Angleterre sur la querelle littéraire. Mais en France, les disciples de Du Bartas ont été obligés de réagir à ce qu'ils ressentaient comme une attaque en règle, *La Semaine* de C. de Gamon.

28. I. Sylvester : *The Workes of Du Bartas*, Londres, H. Lownes, 1608, *Quatrième Jour*, p. 100 ; à l'*index nominum*, Sylvester écrivait cependant « Copernicus, a learned German that maintaineth the heavens to stand still and the Earth to turne round about » ; T. Lodge : *op. cit.*, pp. 162-163.

29. A. Ross : *The New Planet no Planet : or the Earth no wandring star ; Exception the wandring heads of Galileans. Here out of the Principles of Divinity, Philosophy, Astronomy, Reason and Sense, the Earth's immobility is asserted the true sense of Scripture in this point, cleared ; the Fathers and Philosophers vindicated ; divers Theologicall and Philosophicall points handled, and Copernicus : his Opinion, as erroneous, ridiculous, and impious, fully refuted*, Londres, F. Young, 1646, p. 1, p. 46 : « For the Eternall knowing / The Seas commotive, and unconstant flowing, / Thus curbed her, and 'gainst her envious rage, / For ever fenc'd our flowry-mantled stage : / So that we often see those rowling hills, / With roaring noise, threatening the neighbours fields ; / Through their owne spite to split upon the shoare, / Foaming for fury that they dare no more. ».

30. *A Prognostication everlasting of right good effect, fruitfully augmented by the Author* (L. Digges) (...) *Lately corrected and augmented by T. Digges his sonne*, Londres, F. Kynstone, 1605, pp. M 1 recto- M 2 verso.

31. G. Galilée : *Dialogo* (...) *dove* (...) *si discorre sopra i due massimi sistemi del mondo telemaico e copernicano*, Florence, G. B. Landini, 1632, 458 p.

Jean d'Escorbiac et Alexandre De Rivière ont eu à cœur de répondre à l'audacieux de Gamon. Le premier, neveu du poète gascon, mettait un point d'honneur à venger son parent en restaurant sa gloire. Dans *La Christiade,* il a célébré conjointement les mérites de Ronsard et ceux de Du Bartas[32], avant de malmener et d'injurier son rival :

> « ... Ainsi Gamon s'abuse,
> Gamon nouveau guenon abusant de la Muse,
> A la mode Andabate il s'engage au combat,
> Et de son propre glaive, il se blesse, il s'abbat.
> Car toutes ses raisons fantasquement songées,
> Sans art, et sans science inventées, forgées
> Traînent le ventre à terre, et ses Vers tous honteus
> De se voir des haillons de ton oeuvre vestus,
> Desadvoüent leur Maistre, et en France à leur honte
> Ils ne servent (chetifs) que de fable, et de conte. »[33]

D'Escorbiac a beau jeu de souligner la faiblesse poétique de C. de Gamon. Pratiquant l'amalgame, il a repoussé en même temps « ses raisons fantasquement songées », c'est-à-dire ses opinions scientifiques. Alexandre De Rivière, dans son *Zodiac poetique,* composé sur le « patron du Zodiaque de Marcel Palingene »[34], annonçait, dès l'adresse « Au Lecteur », qu'il avait « réfuté en passant quelques opiniõs erronées de Christophe Gamõ »[35]. Au cours de son livre, il mentionnait plusieurs fois *La Semaine* de ce dernier. C'est même la seule œuvre qu'il prenait soin d'éreinter... « Réfuté en passant » était un euphémisme. Il a en effet discuté maints passages de C. de Gamon dans lesquels il était question de l'organisation des cieux ou de distinctions philosophiques concernant la forme, la matière, les anges et les eaux célestes[36]. Il accusait en outre Gamon d'être un piètre traducteur qui avait « osé denier et dementir impudemment le saint texte »[37]. Le douzième et dernier chapitre du *Zodiac poetique,* « Les Poissons » prend la

32. J. d'Escorbiac : *La Christiade, ou Poeme sacre contenant l'histoire saincte du Prince de la vie,* Paris, P. Coderc, 1613, pp. 22-23.
33. J. d'Escorbiac : *op. cit.,*pp. 23-24.
34. A. De Rivière : *Le Zodiac poetique, ou la Philosophie de la vie humaine,* Paris, J. Libert, 1619, p. 19.
35. A. De Rivière : *op. cit.,* p. 20.
36. A. De Rivière : *op. cit., Livre XI,* p. 389, les cieux ; p. 417, la matière et la forme ; p. 421, les anges ; p. 488, les eaux celestes.
37. A. De Rivière : *op. cit., Livre XI,* p. 454 et *Livre XII,* pp. 510-511.

forme d'un procès : plaidoyer en faveur de Du Bartas, réquisitoire contre C. de Gamon, mauvais poète[38], qu'il apostrophait ainsi :

> « Ha cerveau mal tymbré petit ver comme rien
> Es-tu bien si osé de te dire Chrétien
> Et dementir de Dieu la voix ou ses prophetes ? »[39]

Peu avant de conclure, au moment capital du réquisitoire, il lui reprochait d'avoir soutenu la théorie copernicienne :

> « Tu fuis la verité comme les Puritains
> De si prés que parfois tu luy roms ses patins :
> Contre une opinion qui est presque palpable
> Il ne faut mettre avant que chose bien solvable :
> Mais tu as mieux aimé le Germain imiter
> Qui fait croupir les cieux et la terre volter. »[40]

A. De Rivière avait réservé ce trait pour la fin, ce qui atteste l'importance qu'il revêtait. Sa défense de Du Bartas est aussi la sienne propre, car si C. de Gamon a raison, si Copernic a prouvé la justesse de l'héliocentrisme, *Le Zodiac poetique* contient de grossières erreurs. Sa position reste plus nuancée qu'il n'y paraît de prime abord, puisqu'il a reconnu la valeur des travaux de Galilée et celle des calculs de Tycho Brahé, « le plus exact Math. de notre temps »[41]. Mais, de manière significative, il passait sous silence leurs recherches astronomiques. Son modèle demeure bien Palingenius, « Philosophe aussi grand que poète duquel / (Il a) sucé maintes fleurs pour composer ce miel »[42]. Le cosmos décrit par A. De Rivière ne s'accommodait pas, sous peine de destruction, de la révolution copernicienne. Le comportement du poète est caractéristique : c'est celui d'un croyant qui aurait décidé de tout nier, d'arrêter le temps et le progrès[43], par fidélité à la parole biblique, à

38. A. De Rivière : *op. cit., Livre XII*, p. 509.
39. A. De Rivière : *op. cit., Livre XII*, p. 489.
40. A. De Rivière : *op. cit., Livre XII*, p. 543.
41. A. De Rivière : *op. cit., Livre XI*,p. 392, Galilée ; p. 394, Tycho Brahé.
42. A. De Rivière : *op. cit., Livre XII*, p. 544.
43. La représentation traditionnelle de la Création est cependant toujours employée dans les écrits religieux : Duguet (abbé, Jacques Joseph, en collaboration avec l'abbé J. V. Bidal-d'Asfeld) : *Explication de l'ouvrage des six jours*, Paris, F. Babuty, 1736, VIII-448 p.

la science traditionnelle. Il ne s'aveuglait pas volontairement, car il était persuadé, sa passion le démontre amplement, du fondement scientifique et sacré du monde poétique qu'il explorait avec délice. Copernic aurait détruit ses rêves. Il faudra encore quelques années pour que l'idée d'un univers centré sur le soleil n'effraie plus et même séduise les lettrés, poètes et philosophes. Le temps des « voyages » dans les empires de la Lune et du Soleil, de Campanella à Kircher, de Godwin à Cyrano de Bergerac, pourra alors commencer[44].

Les poètes des années 1590-1610 ne s'ouvraient pas avec facilité aux exigences du monde scientifique. La « haute science » les amenait à l'approfondissement des arcanes d'un monde à la structure désormais discutable : ils ne la remettaient pas en cause cependant, parce qu'ils avaient la certitude d'être dans le vrai, en accord avec la Révélation. Il leur était plus naturel de méditer sur la numérologie symbolique ou d'exploiter le clavier des analogies que de concevoir la portée des découvertes de l'astronomie.

La querelle autour de *La Sepmaine*, qui a contribué à l'affirmation d'un goût littéraire d'ordre classique, a provoqué une crise de conscience lorsque le débat littéraire a cédé la place à la discussion scientifique. La dispute, portant à l'origine sur le style, devint secondaire, face à une argumentation qui s'inscrivait dans l'histoire des idées. De Ronsard à A. De Rivière, en passant par Du Bartas, Miles de Norry, Du Monin, d'Escorbiac... une même vision du monde régnait : celle de Ptolémée, de Manilius, de Palingénius. Avec *La Semaine* de C. de Gamon, c'est une entrée fracassante de Copernic dans la littérature que l'on observe. Qu'on ne s'y trompe pas, les embûches seront nombreuses : l'esprit scientifique aura ses héros, ses martyrs. Si les cris de Bruno et de Vanini nous parviennent encore, il ne faut pas pour autant oublier le développement de cette philosophie de l'harmonie qui au cours des âges se perpétuera.

En 1590, accepter l'enseignement de Copernic, c'était être révolutionnaire. Admettre ses théories en 1650, ce n'était pas s'isoler d'une vision « harmonieuse » de l'univers : le soleil, en devenant centre du monde, n'a pas perdu pour autant ses puissances d'illu-

44. T. Campanella : *Civitas solis poetica, idea reipublicae philosophicae* (...), Ultrajecti, 1643 ; F. Godwin : *The Man in the moone, or a Discourse of a voyage thither, by Domingo Gonsalez,* (...), Londres, J. Kirton, 1638 ; le père A. Kircher : *Itinerarium exstaticum* (...) *interlocutoribus Cosmicle et Theodidacto* (...), Rome, typis V. Mascardi, 1656 ; Cyrano de Bergerac : *Histoire comique* (...) *contenant les états et empires de la Lune,* Paris, C. de Sercy, 1657.

sion, et ce que craignaient Du Bartas, Le Tasse, Acevedo et A. De Rivière ne s'est pas produit.

L'analyse, si brève soit-elle, de la querelle engendrée par *La Sepmaine*, dévoile donc un phénomène de rupture. Du Bartas et ses défenseurs confortaient une conception du monde destinée à disparaître ; de Gamon en proposait une plus moderne, plus vraie. Le véritable retentissement de la querelle est là, dans cette ouverture au futur. Le règne de Copernic s'annonce : Kepler et Newton n'auront pas peur des espaces infinis.

CONCLUSION

Homme d'un seul livre, homme d'un moment de l'histoire des idées, Du Bartas tient dans la littérature une place particulière. *La Premiere Sepmaine contenant l'histoire de la Création du Monde,* par son contenu, son style et son rayonnement, a joué un rôle éminent dans l'esprit du temps. A l'aube d'un siècle nouveau, *La Premiere Sepmaine* était le dernier avatar important d'une vision cosmologique désormais périmée.

Plus que manifeste du parti huguenot, le poème de Du Bartas apparaît comme une entreprise apostolique, proche de celle que définissait alors Pie V. Pour l'Église, la suspicion à l'égard de *La Sepmaine* était toute relative, puisque cette œuvre, comme plus tard *Le Génie du Christianisme*, arrivait à point nommé pour renforcer l'argumentation des tenants de la tradition. Cette « rencontre » entre *La Sepmaine* et la religion dominante a certainement favorisé la diffusion triomphale du poème bartasien où l'image de l'univers est conforme à celle héritée du Moyen Age, celle d'un monde clos. En même temps, dans *La Seconde Sepmaine* et ses autres productions, le poète, sans qu'il soit conduit à renoncer au système de Ptolémée, s'est attaché à la peinture du dynamisme historique. Nul plus que lui n'a été réceptif à l'idée d'une évolution de la civilisation. Il y a dans sa poésie une transformation du point de vue, selon qu'il peint le cosmos ou la fable humaine. Mais qu'il sonde l'abîme des cieux, qu'il analyse les formes infinies de la Création ou qu'il observe le fond des êtres, il voit toujours au-delà et ramène tout à Dieu.

Des tapisseries de la Renaissance au *Message Biblique* de Marc Chagall, la Création du monde a toujours été un sujet attirant et difficile. Du Bartas, avec un réalisme pictural où la naïveté feinte se mêle à l'assurance, la beauté à la laideur, la grandeur à la bassesse, la gravité au grotesque, a réussi à éviter l'ennui en proposant des tableaux d'une grande puissance évocatrice. Cependant, l'abus de la matière encyclopédique, les interminables listes de plantes ou d'animaux et le constant soin de faire montre de science gâchent le plaisir de lire. A force de vouloir trop prouver l'œuvre bartasienne devient lassante, car la poésie, déjà soumise aux impératifs religieux, a du mal à prendre son essor et à s'extraire du flot des notations érudites.

On remarque néanmoins que la division en sept parties, imposée par *La Genèse*, n'a pas été un carcan pour le poète. Lui-même et ses imitateurs se sont accommodés de cette exigence. C'est donc avec souplesse que la disposition venue de la Bible prête sa forme et son sens à l'écrit. *La Sepmaine*, qui s'érige en couronnement de la Renaissance, est une œuvre de Révélation où l'écriture devient une traduction de la réalité, de l'ordre qui y préside et de l'imagination qui s'aventure sur les voies de l'Absolu. L'acte d'écrire est divin, et le poète chrétien, sensible à la totalité cosmologique, sait que l'inexplicable n'est pas forcément inexistant. Tout en ayant conscience qu'il ne fait peut-être que reproduire le lent cheminement des mythologies et des générations, Du Bartas a d'emblée senti que son œuvre était par vocation destinée à ramener l'homme à son Créateur.

APPENDICES

* * *

1. « RELIGION ET SCIENCE DANS « LA CRÉATION DU MONDE » : DU BARTAS, LE TASSE, MURTOLA »

Dans l'art médiéval comme dans celui de la Renaissance, la « Création du monde » a été un sujet d'élection pour les peintres, les poètes, les sculpteurs, les théologiens ou les musiciens. De la Tapisserie de Gérone aux fresques de Ferentillo, du *Zodiacus vitae* de Palingenius au *Microcosme* de Scève, des *Messes* de Guillaume de Machaut aux compositions de Monteverdi, les artistes se sont plu à décrire — à traduire — le fabuleux spectacle de la naissance de l'univers. En 1578, Du Bartas, réagissant contre la poésie de cour et la poésie amoureuse publiait *La Création du monde* dont le succès immédiat et durable fut exceptionnel. Gabriel de Lerm, dans son « Epistre » « A la Royne d'Angleterre » Elisabeth I, observait que *La Création du monde* qu'il venait de translater en latin avait eu en France une gloire hors du commun, qui justifiait qu'elle soit aux « pilastres et frõtispices des boutiques Alemandes, Polaques, Espagnoles »[1]. L'Italie, bien qu'elle ne soit pas mentionnée par de ,Lerm, fut, par l'intermédiaire des cercles de Florence, de Rome, de Bologne, de Padoue et de Turin, très réceptive à l'œuvre bartasienne, puisque dès 1578 une édition française paraissait chez Jérôme Farina à Turin. Grâce à la traduction de Ferrante Guisone, rééditée plusieurs fois[2] au début du XVIIe siècle, les lecteurs ignorant le français eurent la possibilité de parcourir le poème de Du Bartas. Aussi n'est-ce pas le fruit du hasard si Le Tasse, qui était lié avec B. Del Bene, ami de Du Bartas, et qui avait voyagé en France avec le cardinal d'Este en 1570, a choisi d'écrire *Il Mondo Creato o le sette giornate*[3]. Dante s'était octroyé la peinture de

1. *Hebdomas*, Paris, M. Gadouleau, 1583, p. 4 recto.
2. F. Guisone : *La Divina Settimana ; Cioè, i sette giorni della Creatione del mondo*, Venise, G. B. Ciotti, 1593 ; en 1608, G. B. Ciotti publiait une édition de *Il Mondo Creato* du Tasse en utilisant les mêmes bois gravés que ceux qui avaient servi à son édition de la traduction de F. Guisone.
3. M. Thibaut de Maisières : *Les Poèmes inspirés du début de la Genèse à l'époque de la Renaissance*, éd. citée, chap. II, pp. 47-56 : « Du Bartas et Le

l'au-delà, à lui, Le Tasse, de s'illustrer dans celle du monde d'ici-bas. S'attaquer à un tel sujet était pour Le Tasse, à la fin de sa vie, une façon d'imprimer sa marque sur une œuvre d'art, de laisser un paraphe sur terre. C'est dans un esprit différent que Murtola avait composé à son tour *Della Creatione del mondo, poemo sacro,* qui sortit en 1608, soit un an après la parution posthume du poème du Tasse[4]. Or de 1578 à 1608, multiples ont été les progrès de la science « astronomique » sous l'impulsion des théories de Copernic et de ses adeptes de plus en plus nombreux et de moins en moins discrets ou soumis. L'Église, sentant quant à elle menacer les fondements de l'ordre cosmologique traditionnel, s'efforçait de mettre en pratique les directives du Concile de Trente. Traiter de la création du monde entraînait donc inévitablement une réflexion critique et une méditation métaphysique. En ce sens Du Bartas, Le Tasse et Murtola révèlent dans leur poème respectif une bipolarité très significative conduisant de la connaissance à Dieu, du monde matériel à la contemplation de l'unité divine. Pour eux, comme pour nombre de leurs contemporains, les découvertes scientifiques avaient d'emblée un impact sur la pensée et la vie spirituelle. C'est pour cette raison qu'ils ont pris garde aux hypothèses des savants dans la mesure où elles aboutissaient, en effet, à une remise en cause de la vision du monde dominante : celle de Ptolémée revue, corrigée et sanctifiée par Sacrabosco et saint Thomas d'Aquin. A l'aube du XVIIe siècle, penseurs, théologiens, poètes et artistes ont conscience que science et religion entrent en conflit, qu'une conception du cosmos est attaquée. Aux poètes croyants de prendre la plume, de défendre avec rigueur, mais surtout avec vigueur et conviction, le message de *La Genèse* face aux innovations destructrices du modernisme.

La prise en considération de la nature et du cosmos dans ces divers poèmes allait de pair avec une réflexion sur la science, son esprit, ses apports. Qu'il se nomme Du Bartas, Le Tasse, Murtola ou Valvasone, le poète même s'il n'est pas un savant a désiré faire œuvre docte. La poésie « scientifique », celle de Pontano, mais aussi de Scève, qui avait privilégié l'expression des « secrets de l'univers » a perdu cependant un peu de son prestige à la fin du XVIe siècle, car la connaissance se précise et s'affirme comme indépendante par

---

Tasse » ; P. Toldo : « Il Poema della Creazione del Du Bartas et quello di Tasso », *Due articoli letterari,* Rome, Loescher, 1894, pp. 31-51 et Vaganay (H.) : *Un Français italianisant peu connu... Du Bartas...,* Paris, Champion, 1929.

4. C'est à Viterbe en 1607 que paraissait la première édition de *Il Mondo Creato.* Dès 1608, plusieurs autres éditions à Milan (G. Bordoni) et à Venise (G. B. Ciotti) sont imprimées. Nous suivons l'édition critique de G. Petrocchi, Florence, F. Le Monnier, 1951.

rapport à la cosmologie traditionnelle. Ni poètes des fictions, ni poètes de la science, Du Bartas, Le Tasse et Murtola sont des poètes de Dieu.

Si pour Du Bartas et Le Tasse, il importait principalement de représenter l'œuvre accomplie en sept jours par le Créateur, pour Murtola le projet s'est singulièrement élargi. Certes, la composition de son poème repose sur une division en sept jours, mais au sein de chacun d'eux prolifèrent des chants aux digressions interminables. Soucieux de restituer les aspects variés, quasi infinis de l'univers, il a eu recours à de très minutieuses et nombreuses descriptions. On remarque que le plan utilisé de façon naturelle par Du Bartas a été ressenti par Murtola comme artificiel. Il en a tourné les difficultés avec d'autant plus d'aisance que son inspiration échappait au cadre étroit de la création. Voici à titre d'exemple le programme du *Giorno Terzo, Canto Terzo,* tel qu'il l'annonçait :

« Creatione delle Acque / I Mari, e la Navigatione di S. Orsola / I Fiumi, e del Nilo / I Laghi, e lor meravigilie / L'Isola, e di Venetia / Scoprimento dell' Indie / Viaggio del Colombo »[5].

Murtola, Le Tasse, Du Bartas, mais aussi A. de Acevedo et G. B. Andreini pour ne citer qu'eux, ont, à la suite des anciens et des penseurs du Moyen Age, rappelé l'équilibre des éléments nés du chaos, à l'aide de clichés et comparaisons conventionnelles. Du Bartas résumait cette tradition, en interprétant ainsi le « bal » et « la chaîne » des éléments :

> « Donques, puis que le nœud du sacré mariage,
> Qui ioinct les elemens enfante d'aage en aage
> Le fils de l'univers, et puis qu'ils font mourir
> D'un divorce cruel tout ce qu'on void perir,
> Et changeant seulement et de rang et de place,
> Produisent inconstans, les formes dont la face
> Du mōde s'embellit : comme quattre ou cinq tons,
> Qui diversement ioincts, font cent gēres de sons :
>
> Or les sacrez aneaux de la chaîne, qui lie,
> Les mēbres de ce Tout, sont tels que quād il veut,
> Celui qui les ioints seul desioindre les peut.
> Neree, comme armé d'humeur et de froidure,
> Embrasse d'une main la terre froide-dure,
> De l'autre embrasse l'air : l'air comme humide-chaud,
> Se ioint par sa chaleur à l'element plus haut,
> Par son humeur à l'eau : comme les pastourelles
> Qui d'un pied trepignant foulent les fleurs nouvelles,
> Et mariant leurs bonds au son du chalumeau,

---

5. G. Murtola : *Della Creazione del Mondo, poemo sacro,* Venise, E. Deuchino et G. B. Pulciani, 1608, p. 76.

> Gayes, ballent en rond sous le bras d'un ormeau,
> Se tiennent main à main, si bien que la premiere
> Par celles du milieu se ioinct à la derniere. »[6]

C'est la même trame imagée, légèrement modifiée, qu'employait Murtola au *Giorno Secondo, Canto Secondo* :

> « Cosi Catena d'or, c'habbi formato
> Orafo industre, e abbellisca l'arte,
> Uno Anello con l'altro incatenato
> Accoglie, e un con l'altro, e lega, e parte,
> Cosi Ballo talhor d'innamorato
> Stuolo d'Huomini, e Donne in chiusa parte
> Incatenate hà insieme hor queste, hor quelle
> E le fà gir, come nel Ciel le Stelle. »[7]

Dans ce choix, la création poétique ne se réduit pas à une simple et servile imitation. Dans plusieurs développements l'image banale est vécue, ce qui lui procure une vie inattendue, un rayonnement inhabituel. Ainsi la comparaison du monde à un luth, à une lyre ou à tout autre instrument de musique, chère à Du Bartas, aux poètes scientifiques mais aussi aux théologiens[8], est reprise, avec un essai d'originalité, par G. B. Andreini au Prologue du premier acte de *L'Adamo. Sacra Rapresentatione* :

> « A la lira del Ciel Iri sia l'arco,
> Corde le sfere sien, note le Stelle,
> Sien le pause, e i sospir l'aure novelle.
> E'l Tempo i tempi à misurar non parco.
> Quindi à la cetra eterno al novo canto
> S'aggiunge melodia, e lodi à lode,
> Per colui, c'hoggi à i Mondi, à i Cieli gode,
> Gran facitor mostrarsi eterno et santo. »[9]

---

6. Du Bartas : *O.C.* : pp. 37 et 39, *Première Semaine, Second Jour,* vers 245-252 et 302-314.
7. G. Murtola : *op. cit.,* p. 39
8. La comparaison du monde à une cithare était relativement fréquente dès le Moyen Age : Honorius de Ratisbonne : *Liber XII quaestionum,* cap. II : « Quod universitas in modum cytharoe sit disposita, in qua diversa rerunt genera in modum chordarum sit consonantia », Patr. lat. CLXXII, 1179 C-D.
9. G. B. Andreini : *L'Adamo. Sacra Rapresentatione,* Milan, G. Bordoni, 1617, Prologue de l'acte I, vers 1-8.

La peinture des arguments et réalités cosmologiques posait un problème essentiel : celui du langage. Tous les adeptes de la poésie scientifique, comme jadis Dante, se sont, en effet, heurtés à l'insuffisance du langage quotidien et poétique pour décrire l'inimaginable. Pour réussir dans cette tâche, il était nécessaire que le poète soit soutenu par Dieu. Aussi dès l'ouverture du *Premier Jour de La Sepmaine*, Du Bartas souhaitait-il le secours divin :

> « O Pere, donne moi que d'une voix faconde
> Ie chante à nos neveux la naissance du monde.
> O gräd Dieu, donne moi que j'estale en mes vers
> Les plus rares beautez de ce grand univers, »[10]

Et Le Tasse d'avouer avec conviction :

> « Signor, tu sei la mano, io son la cetra,
> La qual, mossa da te, con dolci tempre
> Di soave armonia, risuona, e molce
> D'adamantino smalto i duri affetti.
> Signor, tu sei lo spirto, io roca tromba
> Son per me stesso a la tua gloria, e langue,
> Se non m'inspiri tu, la voce e'l suono. »[11]

Si l'aide de Dieu se révèle indispensable à l'accomplissement artistique, si elle contribue à sa beauté et à sa plénitude, elle est secondaire lorsque poètes et écrivains encyclopédistes s'attachent à l'analyse de réalités quotidiennes et à la théorie du microcosme. Le Tasse et Du Bartas comme Raban Maur ou Honorius de Ratisbonne[12] ont affirmé que pour mieux contempler la divinité, il fallait d'abord comprendre l'univers et le petit monde, l'homme. Mais alors que Du Bartas a reproduit les multiples correspondances et analogies entre le macrocosme et le microcosme, Le Tasse s'est refusé à les insérer avec abondance dans son poème[13]. Quant à Murtola, il a éprouvé mille difficultés à éviter les platitudes de tels rapprochements. Au *Giorno Sesto, Canto Quartodecimo*, il

10. Du Bartas : *O.C.* : p. 11, *Première Semaine, Premier Jour*, vers 7-10.
11. T. Tasso : *op. cit.*, p. 5, *Primo Giorno*, vers 63-69.
12. R. Maur : *De Universo* et Honorius de Ratisbonne : *De Imagine Mundi*.
13. T. Tasso : *op. cit.*, pp. 263-267, *Sesto Giorno*, vers 1640-1755.

s'attardait encore à célébrer « La Pupilla, e sue meraviglie (...), La Bocca, e lodi de l'Eloquenza (...), Le Mano, e sue Lodi (...) »[14].

L'hymne à la « dignitas hominis », cher aux humanistes, est, lui aussi, invariablement présent, en témoignent ces vers de Du Bartas illustrant la foi en l'homme que tout poète scientifique possédait :

> « Car quittāt quelque-fois les terres trop cognues,
> D'une alegre secousse il saute sur les nues :
> Il nouë par les airs, où subtil il apprend
> De quoy se fait la neige, et la gresle et le vent ;
> De quoy se fait l'esclair, la glace, la tempeste,
> La pluye, le tonnerre, et la triste comete.
> Par les degrez de l'air il monte, audacieux,
> Sur les planchers du monde, il visite les cieux
> Estage apres estage, il contemple les voutes,
> Il remarque l'accord de leurs contraires routes
> D'un infaillible get : et d'un certain compas
> Il compte leurs brandons, il mesure leurs pas,
> Il aulne leur distance, et comme si le monde
> N'enfermoit dans le clos de sa figure ronde
> Des subiets assez beaux, il s'eslance dehors
> Les murs de l'univers : et loin loin de tous corps,
> Il void Dieu face à face, il void les chastes gestes
> Et le zele fervent des courtisans celestes. »[15]

La reconnaissance des pouvoirs de l'esprit humain a, pour corollaire, l'exaltation de son emprise sur la nature. Les *Créations du monde* attestent à tout moment la puissance de l'homme capable de comprendre la nature, d'en expliquer les mécanismes et les fonctionnements. C'est pour cette raison que le poète est confronté aux hypothèses scientifiques et qu'il essaie de les analyser avant de les adopter ou de les réfuter. Significatif de cette attitude est le comportement de Du Bartas face à la théorie héliocentrique de Copernic. Le poète de *La Sepmaine* commence en effet par exposer les propositions du « docte germain » avant de les réfuter rapidement « pour ce qu'à ce coup le temps et la matiere / Ne (lui) permettent point de (se) donner carriere / En un stade si long : »[16]. Le Tasse et Murtola ont préféré adopter une autre tactique, le silence. Pour eux et

14. G. Murtola : *op. cit.*, pp. 441-457 ; Du Bartas : *O.C.* : pp. 149-150, *Première Semaine, Sixième Jour*, vers 539-598...
15. Du Bartas : *O.C.* : p. 156, *Première Semaine, Sixième Jour*, vers 797-814.
16. Du Bartas : *O.C.* : p. 92, *Première Semaine, Quatrième Jour*, vers 161-163.

certains de leurs contemporains, les hypothèses du grand astronome étaient nulles et non avenues. Le silence était une réponse. Le système de Ptolémée qu'ils ont suivi en constituait une seconde[17].

Le rejet des implications de la science moderne, commun aux auteurs envisagés, dévoile combien l'argument scientifique était au centre de leur entreprise. Du Bartas, Le Tasse et Murtola, à un degré moindre, exigeaient un principe d'explication fondé sur la Révélation. Ils ont donc été affectés par les transformations cosmologiques issues des idées de Copernic et de ses successeurs, sans pour autant s'y rallier. Pour eux, cela aurait été synonyme de reniement... Leur drame fut de vivre avec acuité, la cassure qui s'établissait entre science et religion. Aussi est-il naturel que le processus mental sur lequel s'articule leur *Création du monde* soit tributaire d'une ardeur apologétique où tout concourt à lier l'homme, le monde et la science.

C'est en pensant au « culte » de la science qui s'étend, à l'athéisme ou à l'indifférence de leurs contemporains que Du Bartas, Le Tasse et Murtola ont composé une *Création du monde,* poème qui avait pour mission de convaincre le lecteur de l'infinie grandeur de Dieu. En dénombrant les beautés de l'univers, Du Bartas, Le Tasse et Murtola ont pensé séduire les âmes. La description avait valeur d'argumentation et devait faire sentir la puissance du verbe :

> « Fervido a contemplar rivolto e fisso
> Tai cose e tante, in pochi giorni al suono
> Fatte de la divina, eterna voce. »[18]

Pour les innombrables formes de la réalité, l'explication résidait toujours en Dieu. « Pour mieux cõtempler Dieu, contẽpler l'univers »[19], tel est le principe de base de tout poème magnifiant la création du monde. Dans les accents du Tasse dépeignant les animaux, « la scienza e l'arte / Del numerar »[20] comme dans ceux de

17. T. Tasso : *op. cit.,* pp. 42-45, *Secondo Giorno* et pp. 139-149, *Quarto Giorno,* vers 785-1009 ; G. Murtola : *op. cit.,* pp. 250-280, *Giorno Quarto, Canto Nono.* Sur ce point : *Considerazioni al Tasso di G. Galilei,* Rome, Pagliarini, 1793.

18. T. Tasso : *op. cit.,* pp. 113-114, *Quarto Giorno,* vers 21-23.

19. Du Bartas : *O.C.* : p. 15, *Première Semaine, Premier Jour,* vers 178.

20. T. Tasso : *op. cit.,* pp. 225-229, *Sesto Giorno* et p. 280, *Settimo Giorno,* vers 166-167.

Du Bartas s'ingéniant à rendre compte de l'ordre des cieux, la poésie est une invitation à glorifier le Seigneur.

En dépit de cette communauté de pensée, surgissent des traits spécifiques propres à chaque poète considéré. Du Bartas privilégiait la conception d'un Créateur que l'homme ne saurait aisément déchiffrer :

> « Or ceste Trinité, (que pour ne m'empescher,
> l'aime plus mille fois adorer qu'esplucher)
> Dans l'infini d'un rien bastit un edifice, »[21]

Il y a outrecuidance à vouloir explorer l'inexplicable. Le Tasse, lui, s'empressait de peindre la puissance de Dieu, tout en soulignant l'humanité du « Figlio di Maria »[22]. Dans *Il Mondo Creato*, il a d'ailleurs retrouvé la thématique des *Psaumes,* ce qui a favorisé l'éclosion d'un lyrisme dont la traduction la meilleure à l'époque se perçoit dans les compositions de son admirateur Monteverdi. Au soir de sa vie, comme les rhétoriqueurs médiévaux qui traduisaient psaumes et livres saints, Le Tasse a peint Dieu sensible au cœur. Quant à Murtola il a diminué le lot de Dieu, car, même s'il a tout attribué aux pouvoirs de la Sainte Trinité, ses descriptions sont si développées que leur profusion et leur longueur nuisent à la grandeur du sujet et restreignent le rôle du Créateur. Murtola avec son souci de tout dénombrer, de tout dire, a été contraint de joindre une masse d'informations étrangères au thème de *La Genèse*. Son œuvre s'enrichit et grossit ; elle devient, en un certain sens, baroque. Il y a du Guarini dans l'abondance et l'épanouissement des éléments naturels rapportés par Murtola.

La religion dans ces œuvres militantes reste le support d'une vision du monde, d'une foi et d'un combat. Du Bartas, Le Tasse et Murtola sont des « soldats de Dieu ». L'écrivain est celui qui pense, qui prie et qui écrit. Aussi est-il intéressant de s'interroger sur l'engagement protestant de Du Bartas. Sa *Sepmaine* fut mise à l'Index[23], mais théologiens et prélats romains s'étaient vite aperçus de l'utilité d'un tel poème, qui ne critiquait Rome ni sur les dogmes ni sur les coutumes. Il n'est pas impossible que Le Tasse, qualifié par Du Bartas de « digne ouvrier d'un Heroique vers, / Figuré,

---

21. Du Bartas : *O.C.* : p. 14, *Première Semaine, Premier Jour,* vers 97-99.

22. T. Tasso : *op. cit.,* p. 282, *Settimo Giorno,* vers 226. De ce point de vue, il reprenait certains traits du célèbre poème *Christiados* de M. J. Vida, évêque d'Albe.

23. A. Poissevin : *Tractatio de Poesi et pictura ethnica* (...), Lyon, I. Pillehotte, 1595, p. 244.

court, aigu, limé riche en langage, »[24] ait eu le dessein, avec *Il
Mondo Creato,* d'être le porte-parole des catholiques tout en
suivant l'exemple de Du Bartas. Observons qu'à la manière de
Ferrante Guisone qui avait supprimé ou transformé les références
mythologiques peu orthodoxes de *La Sepmaine*[25], Le Tasse a
proscrit de son *Mondo Creato* les formulations hasardeuses au
profit d'expressions adoptant les leçons du Concile de Trente et les
avis des papes Grégoire XIII et Sixte Quint. Comme plus tard A. de
Acevedo[26], Le Tasse, constamment soucieux des jugements de
l'Inquisition — l'histoire de *La Jérusalem délivrée* en témoigne
largement — avait soumis le discours littéraire au discours religieux.
La communauté d'idées de Du Bartas à Murtola n'a rien d'occa-
sionnel, rien de fortuit. Du Bartas, Le Tasse, Andreini, Murtola
ont développé des thèmes identiques, parce que, pour eux, l'ennemi
c'était le modernisme, la science. Ils ont donc défendu le parti de
Dieu et de la tradition en chrétiens et en polémistes. Une telle
attitude est à la fois pathétique et désespérée. Elle révèle de surcroît
l'émoi d'hommes qui ont eu conscience des ambiguïtés et contra-
dictions de leur époque, et vu s'amorcer la ruine de l'édifice cosmologique auquel ils tenaient par toutes les fibres de leur corps, de leur
esprit et de leur âme.

La crise de la pensée cosmologique à l'aube du XVIIe siècle a été
un phénomène complexe, résultat du contrecoup des espérances de
la Renaissance. Science et religion entrent ouvertement en conflit,
ce qui justifie la réaction passionnée du Tasse, de Murtola ou de Du
Bartas. En parcourant leur *Création du monde*, reposant sur l'union
de la genèse poétique et cosmologique — le monde est un poème, le
poème est le monde —, on note le clivage qui s'instaurait dans les
mentalités. Le monde s'ouvre[27], les espaces infinis s'offrent et le

24. Du Bartas : *O.C.* : p. 283, *Seconde Semaine, Second Jour, Seconde
Partie, Babylone,* vers 594-595 ; P. de Brach, ami de Du Bartas, traduira
Quatre Chants de la Hierusalem de T. Tasso, Paris, A. L'Angelier, 1596.
25. F. Guisone : *op. cit.,* p. 5 recto : vers 1-4 du *Premier Jour* de *La Première
Semaine* (« Toy qui guides le cours du ciel *porte-flambeaux,* / Qui, vray *Neptune,*
tiens le moite frein des eaux, / Qui fais trembler la terre, et de qui la parole / Serre
et lasche la bride aux *postillons d'Aeole* : ») rendus par : « Signor, che volgi il
fiammegiante Cielo : / Et del *grande Ocean* freni l'orgoglio, / Padre del tutto : e
l'ampia Terra scuoti, / Serrando à un cenno, e *differando i venti* : »...
26. A. de Acevedo : *Creación del Mondo,* Rome, I. P. Profilio, 1615, poème
castillan où l'auteur, en accord avec les enseignements de l'Église et des Jésuites,
souhaitait glorifier la langue castillane (*Al Lector,* p. 3 recto).
27. J. Wahl : « Notre monde fermé, c'est un monde infini », *L'Aventure de
l'Esprit. Mélanges A. Koyré,* Paris, Hermann, 1964, t. 2, pp. 527-555.

cosmos traditionnel chancelle. A la lecture de *La Création du monde* de Du Bartas, de *Il Mondo Creato* du Tasse et *Della Creatione del Mondo* de Murtola, le lecteur d'aujourd'hui a le sentiment d'un débat en partie dépassé, mais est sensible à une poésie toujours belle parce qu'elle est chant, hymne, prière. Si l'influence et la fortune de Du Bartas en Italie furent beaucoup plus importantes qu'on ne le prétend généralement, ne serait-ce pas parce que Du Bartas, en d'autres termes, certes, que ceux de Saint François, mais avec une profonde conviction, avait écrit avec *La Sepmaine,* une véritable « *Laude delle creature o Cantico di frate Sole* » ?

2. « UN DISCIPLE DE DU BARTAS AU NOUVEAU-MONDE : ANNE BRADSTREET »

L'influence de Du Bartas sur la littérature anglaise a été bien étudiée notamment par Ashton, et plus récemment par A.L. Prescott[1]. Néanmoins, on peut regretter le faible intérêt qu'ont suscité ses poésies vis-à-vis de celles de la poétesse Anne Bradstreet, dont l'œuvre fut publiée à Londres en 1650. La production de celle que l'on a appelée « a right Du Bartas girl »[2] mériterait examen afin de mettre en évidence la part originale de son inspiration et celle de ses lectures.

Les poèmes cosmologiques ou historiques qui appartiennent à ce recueil intitulé *The Tenth Muse lately sprung up in America. Or severall poems, compiled with a great variety of wit and learning, full of delight (...)*[3] signalent d'emblée, par leur titre même (« *The Four Elements* », « *Of The Four Humours in Man's Constitution* », « *Of The Four Ages of Man* », « *The Four Seasons of the Year* », « *The Four Monarchies* ») un domaine que poètes scientifiques, comme Du Bartas, ou poètes métaphysiques anglais ont soigneusement cultivé. Anne Bradstreet, à l'instar de ses devanciers, a identifié poésie et répertoire des secrets de l'Etre, de l'homme et de l'univers. Il n'est donc pas surprenant qu'elle ait été sensible à *La Sepmaine* comme au génie du poète gascon qu'elle a célébré dans une élégie « *In Honour of Du Bartas* »[4]. C'est grâce à la traduction fort appréciée que Sylvester[5] avait proposée de l'œuvre de Du

---

Les références à l'œuvre d'Anne Bradstreet renvoient à l'édition de J. Hensley : *The Works of Anne Bradstreet*, The Belknap Press of Havard Uni. Press, Cambridge, Massachusetts, 1967, XXXVII-320 p.

1. A.L. Prescott : « The reception of Du Bartas in England », *Studies in the Renaissance*, XV, 1968, pp. 144-173.

2. A. Bradstreet : *op. cit.*, p. 4 : « Introductory verses by N. Ward », vers 12.

3. Londres, for S. Boutell, 1650. L'édition révisée a paru à Boston, J. Foster, 1678.

4. A. Bradstreet : *op. cit.*, pp. 192-194.

5. Traductions de I. Sylvester : 1595 : I *Sepmaine* ; 1598 : II *Sepmaine* ; 1620 : édition des œuvres complètes de Du Bartas.

Bartas qu'elle a pu s'ingénier, dès ses premiers essais poétiques, à suivre les traces du poète huguenot, tout en se refusant à l'imiter servilement. Consciente de développer une thématique brillamment traitée par son prédécesseur français, elle revendiquait sa propre originalité :

> « Something of all (though mean) I did intend
> But feared you'ld judge Du Bartas was my friend.
> I honour him, but dare not wear his wealth ;
> My goods are true (though poor), I love not stealth,
> But if I did, I durst not send them you
> Who must reward a thief, but with his due. »[6]

De fait, il est très difficile — et souvent pour un résultat discutable — de dégager, au fil de son œuvre entière, des séquences, vers ou images copiés sur la traduction de Sylvester. Il en va tout autrement lorsque l'attention se porte sur sa vision du monde et de l'histoire, puisqu'on remarque combien Du Bartas, mais aussi Sidney, Spenser, Shakespeare et Raleigh ont nourri sa pensée et en ont favorisé, avec la Bible, l'épanouissement.

Les premières compositions d'Anne Bradstreet témoignent, plus que celles qui leur succédèrent, du rôle déterminant de *La Sepmaine*. La vision du monde présente dans *« The Four Elements »* ou *« The Four Seasons of the Year »* peut renvoyer de manière quasi systématique aux raisonnements de *La Sepmaine* où sont détaillés en vers didactiques les quaternaires constitutifs de l'univers et du microcosme.

De singuliers rapprochements apparaissent. On observe en effet dans *« The Four Elements »*, à propos du « Feu », le retour d'un développement sur les astres, banal pour l'époque, que *La Sepmaine* offrait. C'est ainsi que ce qu'Anne Bradstreet écrivait :

> « Yet men and beasts, astronomers will tell
> Fixed in heavenly constellations dwell,
> My planets of both sexes whose degree
> Poor heathen judged worthy a diety :
> There's Orion armed attended by his dog ;

6. A. Bradstreet : *op. cit.*, p. 14 : « To her most honoured father Thomas Dubley Esq. (...) », vers 31-36.

The Theban stout Alcides with his club ;
The valiant Perseus, who Medusa slew,
The horse that killed Belerophon, then flew.
My crab, my scorpion, fishes you may see
The maid with balance, wain with horses three,
The ram, the bull, the lion, and the beagle,
The bear, the goat, the raven, and the eagle
The crown, the whale, the archer, Bernice hair,
The hydra, dolphin, boys that water bear,
Nay more than these, rivers 'mongst stars are found,
Eridanus, were Phaeton was drowned.
Their magnitude, and height, should I recount
My story to a volume would amount ;
Out of a multitude these few I touch,
Your wisdom out of little gather much.
I'll here let pass my choler, cause of wars
And influence of divers of those stars,
When in conjunction with the sun do more
Augment his heat, which was too hot before. »[7]

dérivait de ce que Du Bartas avait professé au *Quatrième Jour* de
La Première Sepmaine (vers 259-286). Mais la poétesse de la
Nouvelle-Angleterre s'est démarquée de sa source, car aux exemples
mythologiques qu'elle lui a empruntés (Orion, Persée, Méduse,
Eridan) elle en a ajouté d'autres (Alcide, Bellerophon, la chevelure
de Bérénice). Anne Bradstreet semble procéder volontairement de la
sorte ; elle adopte une technique, une règle de composition simple et
efficace qui consiste à revêtir une idée, une image ou un raisonnement d'une expression nouvelle, d'une formulation autre. La
traduction de Sylvester a donc servi de tremplin à sa création
littéraire. C'est à partir d'elle qu'Anne Bradstreet a pris conscience
de sa vocation.

Digne d'intérêt, de ce point de vue, est l'emploi qu'elle fait de
l'image du *theatrum mundi* si fréquente dans les écrits médiévaux,
comme plus tard dans ceux de la littérature élisabéthaine. L'introduction de « *Of The Four Ages of Man* » :

« Lo now four other act upon the stage,
Childhood and Youth, the Manly and Old Age ;
The first son unto phlegm, grand-child to water,
Unstable, supple, cold, and moist's his nature.
The second, frolic, claims his pedigree
From blood and air, for hot and moist is he.

7. A. Bradstreet : *op. cit.*, p. 20 : « The Four Elements », vers 71-94.

> The third or fire and choler is composed
> Vindicative and quarrelsome disposed.
> The last of earth, and heavy melancholy,
> Solid, hating all lightness and all folly. »[8]

qui rappelle la célèbre tirade de Jacques le Mélancolique dans *As You Like It*[9], fait également écho à plusieurs passages de *La Sepmaine* évoquant le théâtre du monde et les âges de l'homme[10]. La suite du poème montre les limites de cette possible influence, puisque les propos de Childhood, Youth, Middle Age et Old Age renferment quant à eux des aspects plus personnels qui n'entretiennent pas forcément un rapport direct avec le sujet. Au cours de la révision de ce poème, Anne Bradstreet n'a pas hésité à transformer par le biais d'allusions politiques, le climat moralisateur de la peinture des âges de la vie, ce qui l'a conduit à dénoncer avec virulence les conséquences de l'insurrection irlandaise de 1641 :

> « I've seen one stab'd, and some to lose their heads,
> And others fly, struck both with guilt and dread.
> I've seen, and so have you, for 'tis but late,
> The desolation of a goodly state,
> Plotted and acted so that none can tell
> Who gave the counsel, but the prince of hell,
> Three hundred thousand slaughtered innocents,
> By bloody Popish, hellish miscreants :
> Oh may you live, and so you will I trust
> To see them swill in blood until they burst. »[11]

Une telle démarche prouve qu'elle ne reculait pas devant la nécessité de modifier les règles d'un genre littéraire conventionnel, de mêler à la haute science, l'imbroglio politique et l'actualité tragique des événements de son temps. Il est vrai que la traduction de Sylvester lui donnait l'exemple, puisque ce dernier avait disposé dans *Les Sepmaines* plusieurs développements de son cru sur l'histoire contemporaine de l'Angleterre.[12]

8. A. Bradstreet : *op. cit.*, p. 51 : « Of The Four Ages of Man », vers 1-10.

9. Shakespeare : *As You Like It*, II, 7.

10. Du Bartas : *O.C.* : p. 15 : *Première Semaine, Premier Jour*, vers 147-150 ; p. 24 : *Première Semaine, Premier Jour*, vers 511-512 ; pp. 45-46 : *Première Semaine, Second Jour*, vers 571-582 ; pp. 227-228, *Seconde Semaine, Premier Jour, Troisième Partie, Les Furies*, vers 473-504.

11. A. Bradstreet : *op. cit.*, p. 62 : « *Of The Four Ages of Man* », vers 393-402.

12. I. Sylvester : *Du Bartas His Divine Weekes and Workes (...)*, Londres, R.

Quand elle considérait l'homme (« *Of The Four Humours in Man's Constitution* »), tout en adoptant les théories des anciens (Galien, Hippocrate), elle prenait sa documentation notamment chez Crooke[13] et chez Du Bartas dont elle avait décelé un « curious insight in anatomy »[14]. Les arguments avancés toutefois par Choler, Blood, Melancholy et Phlegm, s'ils foisonnent de détails scientifiques, ne correspondent pas, dans la lettre, aux exposés de Du Bartas. Des ressemblances existent cependant, en particulier dans la présentation du système sanguin et du rôle qu'il assume.

La réponse de Blood à Choler (« What is there living, which don't first derive / His life now animal, from vegetative ? / If thou giv'st life, I give the nourishment, / Thine without mine, is not, 'tis evident : / But I without thy help, can give a growth / As plants, trees, and small embryon know'th / And if vital spirits do flow from thee, / I am as sure, the natural, frome me ; / Be thine the nobler, which I grant, yet mine / Shall justly claim priority of thine. / *I am the fountain which thy cistern fills / Through warm blue conduits of my venial rills.* »)[15] est significative : Anne Bradstreet qui n'a pas repris l'énoncé bartasien (*Sixième Jour, Première Sepmaine,* vers 679-700) a utilisé comme son maître l'image de la fontaine que celui-ci avait employée pour caractériser, dix vers après la description du système sanguin, la « cinquiesme essence » :

> « Or ce docte Imagier, pour son œuvre animer,
> Ne prit de l'air, du feu, de terre, de la mer,
> Une cinquiesme essence, ains poussât son haleine,
> *Il fit comme couler de la vive fontaine*
> *De sa divinité quelque petit ruisseau*
> *Dans les sacrez conduits de ce fresle vaisseau :* »[16]

On constate que si la matrice du poème français n'est pas devenue méconnaissable sous la plume d'Anne Bradstreet, c'est

Yong, 1641, p. 52 : 70 vers introduits « upon like consideration on the Translator sharply citeth England ; and to rouze her from her present security, proposeth fearfull examples of her owne troublous changes and others terrible chastisements », p. 26 : 54 vers ajoutés pour louer « sacred Elisa », pp. 50, 81-82, 94, 104...

13. H. Crooke : *A description of the body of man (...),* Londres, W. Iaggard, 1615. Mc Mahon (H) : « Anne Bradstreet, J. Bertault, and Dr. Crooke » *Early American Literature,* 1968, n° 3, pp. 118-123.

14. A. Bradstreet : *op. cit.,* p. 193 : *« In Honour of Du Bartas »,* vers 40.

15. A. Bradstreet : *op. cit.,* p.40 : *« Of The Four Humours in Man's Constitution »,* vers 243-254.

16. Du Bartas : *O.C. :* p. 154 : *Première Semaine, Sixième Jour,* vers 711-716.

parce que le style et le réalisme bartasiens ont influencé ce disciple (« Moveless stand charmed by thy sweet infuences ; / More senseless than the stones to Amphion's lute, / Mine eyes are sightless, and my tongue is mute, / My full astonished heart doth pant to break, / Through grief it wants a faculty to speak ; / Volleys of praise could I echo then, / Had I an angel's voice, or Bartas' pen ; »)[17]. Une fois de plus, l'imitation provoquait la création authentique, mais n'effaçait pas le souvenir de ce qui avait été lu.

Révélatrice également, l'attitude de tous deux face à l'histoire. Le projet global des *Sepmaines*, tel qu'on peut le définir à la lumière du début de l' *« Eden »*, de la fin du poème *« Les Artifices »* et d'une note de l'éditeur P. Choüet après l'argument des quatre premiers jours de *La Seconde Sepmaine*[18], s'inscrit dans une double perspective historique : celle de la création et du devenir de l'univers[19], celle du destin de l'humanité. Les épisodes bibliques choisis par Du Bartas n'ont a priori aucun rapport avec ceux de *« The Four Monarchies »*, œuvre de compilation, dont on sait qu'elle fut composée à partir du célèbre traité de Sir Walter Raleigh *The History of the World*. Pourtant l'organisation quaternaire suivie par la poétesse s'éloigne des cinq périodes successivement analysées par Raleigh[20]. Les quatre monarchies considérées (The Assyrian, the Persian, the Grecian, the Roman) correspondent aux quatre âges (Or, Argent, Airain, Fer) et sont mis en relation avec quatre animaux (Lion, Ours, Léopard, Bélier). La *translatio imperii* justifiant une telle succession débouche sur le cinquième âge, celui de la fin du temps, celui qui de la naissance du Christ s'étend aux réalisations des prophéties :

« The Assyrian monarchy long time did stand,
But yet the Persian got the upper hand ;
The Grecian them did utterly subdue,

---

17. A. Bradstreet : *op. cit.*, p. 193 : *« In Honour of Du Bartas »*, vers 45-52.
18. Du Bartas : *O.C.* : p. 178, : *Seconde Semaine, Premier Jour, Première Partie, Eden*, vers 9-12 ; pp. 249-250 : *Seconde Semaine, Premier Jour, Quatrième Partie, Les Artifices*, vers 591-628 et *Les Oeuvres (...) de Du Bartas*, Genève, P. Choüet, 1632.
19. C.-G. Dubois : *La Conception de l'histoire en France au XVIe siècle (1560-1610)*, Paris, Nizet, 1977, pp. 327-365.
20. W. Raleigh : *The History of the World*, Londres, for W. Burre, 1614. Il distinguait cinq étapes : 1 : de la création à Abraham ; 2 : de la naissance d'Abraham à la destruction du temple de Salomon ; 3 : de la destruction de Jérusalem à Philippe de Macédoine ; 4 : de Philippe de Macédoine à l'établissement en ce royaume de la race d'Antigonos ; 5 : des successeurs d'Alexandre le Grand en Orient jusqu'aux romains et à leurs conquêtes.

And millions were subjected unto few.
The Grecian longer than the Persian stood ;
Then came the Roman like a raging flood,
And with the torrent of his rapid course,
Their crowns, their titles, riches bears by force.
The first was likened to a head of gold,
Next arms and breast of silver to behold,
The third, belly and thighs of brass in sight,
And last was iron, which breaketh all with might ;
The stone out of the mountain then did rise,
And smote those feet, those legs, those arms, and thighs ;
Then gold, silver, brass, iron, and all the store
Became like chaff upon the threshing floor.
The first a lion, second was a bear,
The third a leopard, which four wings did rear ;
The last more strong and dreadful than the rest,
Whose iron teeth devoured every beast,
And when he had no appetite to eat,
The residue he stamped under feet ;
Yet shall this lion, bear, this leopard, ram,
All trembling stand before the powerful Lamb. »[21]

« *The Four Monarchies* » accumulation indigeste de biographies royales, a reçu une structure identique à celle des poèmes cosmologiques reposant sur le quaternaire c'est-à-dire sur une forme de pensée que Du Bartas plus que Raleigh avait privilégiée. Anne Bradstreet n'a visiblement pas réussi à dégager des changements et de l'évolution historique une leçon, une loi. Chez elle aucune méditation sur l'histoire, aucune réflexion sur le devenir de l'humanité. En cela, elle est à l'opposé de Du Bartas, qui a reconnu une dynamique à l'évolution des sciences (*translatio studii*) et à celle des empires ou des peuples[22]. Ce qu'elle a conservé se limitait à un cadre formel ne pouvant aider à une véritable compréhension de l'histoire. En outre, à cause de sa foi, elle était amenée à rechercher le « contact » direct entre l'âme de l'élu et Dieu, plutôt qu'à réfléchir sur le rôle de l'immanence divine dans l'histoire des hommes. Le salut de l'âme passe avant les considérations sur l'histoire : c'est du moins ce que toute la production postérieure aux poèmes cosmologiques indique.

21. A. Bradstreet : *op. cit.*, pp. 171-172 : « *The Four Monarchies* », « *The Third Monarchy, being the Grecian...* », vers 1821-1844.
22. Du Bartas au cours de la *Seconde Semaine* a plusieurs fois dégagé des leçons de l'histoire biblique ou contemporaine (*Second Jour, Troisième Partie, Les Colonies ; Troisième Jour, quatrième Partie, Les Capitaines ; Quatrième Jour, Troisième Partie, Le Schisme et Quatrième Partie, La Décadence*).

La vision du monde du poème de *La Sepmaine* et les structures de pensées qui le sous-tendent convenaient à ce qu'Anne Bradstreet ressentait. Du Bartas, dont elle affirmait qu'il surpassait en renommée héros et rois de France[23], a été la rencontre littéraire majeure de son existence. Une telle rencontre a eu pour conséquence de diriger Anne Bradstreet sur les voies de la poésie scientifique. D'une certaine façon, elle a réécrit *La Sepmaine*. L'originalité vient de ce qu'elle ne s'est pas cantonnée à ce seul genre de poésie. Elle a composé des poèmes et transcrit des méditations où se manifestent avec force ses convictions puritaines. Peu lui importent le sens de l'histoire et la douceur du verbe (« Sweet words are like honey : a little may refresh, but too much gluts the stomach »)[24] : la croyante qu'elle est avant tout, a pour mission d'accepter ce que le Tout-Puissant a choisi, voulu, édicté, déterminé. En ce sens, elle annonce John Cotton et Edward Taylor. Mais la quête encyclopédique n'a pas été suivie de la veine d'inspiration religieuse. Cela serait trop simple, trop caricatural. En s'imprégnant de la traduction de Sylvester et de la Bible, en contemplant elle aussi les merveilles de la nature, du microscosme et du macrocosme, elle savait qu'elle découvrait une partie des secrets de Dieu. Qu'elle considère les âges de la vie, le rythme des saisons ou la composition des humeurs, Anne Bradstreet traite toujours, par création interposée, de Dieu.

Puissent ces quelques pages amener un regain d'intérêt pour l'œuvre d'Anne Bradstreet passablement négligée.

---

23. A. Bradstreet : *op. cit.,* p. 193 : « *In Honour of Du Bartas* », vers 55-58.
24. A. Bradstreet : *op. cit.,* p. 273 : « *Meditations Divine and Moral* », 9.

3. ILLUSTRATIONS

(Parmi les nombreuses illustrations susceptibles d'orner notre propos, nous avons retenu celles qui représentent le mieux les aspects fondamentaux de la *haute science* et de la pensée de Du Bartas : puissance des étoiles, cycle de la vie, situation de l'homme dans l'univers.)

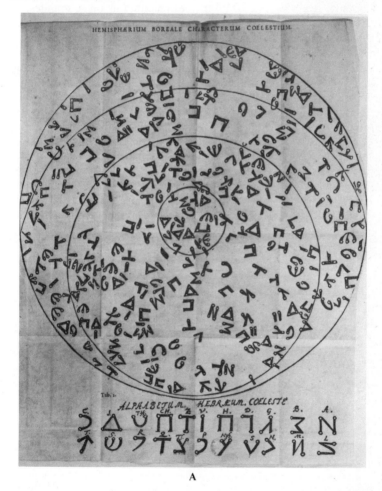

A

A. J. Gaffarel : *Curiositez Inouyes,* Hamburgi, apud G.Schultzen,1676, 2 tomes en un vol., in-8°, p. 284 : « Hemispherium Boreale Characterum coelestium ».

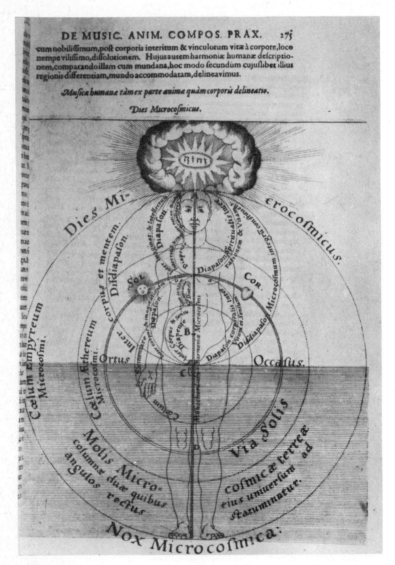

B. R. Fludd : *Utriusque cosmi, majoris scilicet et minoris, metaphysica, physica, atque technica historia,* Oppenhemii, aere J. T. de Bry, typis H. Galleri, 1617-1619, 2 vol., in-fol., tome 2, Tractatus I, p. 275 : « Dies Microcosmicus ».

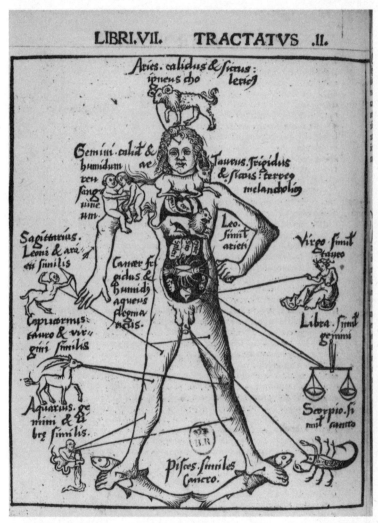

C. (Le Père G.) Reisch : *Margarita Philosophica*, Argentinae, 1504, in-4°, p. X 6 verso : « L'Homme Zodiacal ».

D. (G. de) La Perrière : *La Morosophie contenant cent Emblemes moraux illustrez de cent Tetrastiques latins, reduitz en autant de quatrains francoys,* Lyon, M. Bonhomme, 1553, p. B 5 verso : « La prime enfance » (la Lune ; le Cancer).

E. (G. de) La Perrière : *op. cit.*, p. B 6 verso : « L'enfance » (Mercure ; les Gémeaux, la Vierge).

F. (G. de) La Perrière : *op. cit.*, p. B 7 verso : « La jeunesse » (Vénus ; le Taureau, la Balance).

G. (G. de) La Perrière : *op. cit.*, p. B 8 verso : « La maturité » (Soleil ; le Lion).

H. (G. de) La Perrière : *op. cit.*, p. C 1 verso : « La maturité » (Mars ; le Bélier, le Scorpion).

I. (G. de) La Perrière : *op. cit.*, p. C 2 verso : « La vieillesse » (Jupiter ; le Sagittaire, les Poissons).

J. (G. de) La Perrière : *op. cit.,* p. C 3 verso : « La vieillesse » (Saturne : le Ca-
pricorne, le Verseau).

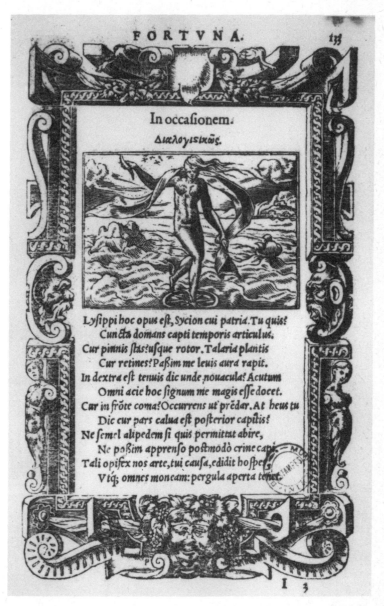

K. (A.) Alciati : *Emblemata*, Lyon, G. Revil, 1566, in-8°, p. 133 : « In occasionem ».

L. (J. J.) Boissard : *Theatrum vitae humanae,* Mediomatricae, typis A. Fabri, 1586, in-4º, p. I : « « Theatrum vitae humanae ».

BIBLIOGRAPHIE

Première section : les éditions consultées.

Les Oeuvres de G. de Saluste, Seigneur Du Bartas, revues et augmentées par l'autheur, et divisées en trois parties, Paris, J. Feburier, 1580, deux parties en un vol., in-12.

Les Oeuvres (...) revues et augmentées par l'autheur. En ceste dernière édition ont esté adjoustez commentaires sur La Sepmaine... argumens... et sommaires par S.G. (Goulart), Paris, Huet, 1583, in-12, pièces lim., 415 ff.

Les Oeuvres Poétiques de G. de Saluste, Seigneur Du Bartas, Prince des Poëtes François, ... avec Argumens, Sommaires et Annotations augmentees par S. G. S. (Goulart), Genève, Pierre et Jacques Choüet, 1608, pièces lim., 695 p.

Les Oeuvres Poétiques et Chrestiennes de G. de Saluste, Sieur du Bartas, Prince des Poëtes François, Genève, S. Crespin, 1615, in-24, XIV-699 p.

The Works of G. De Salluste Sieur Du Bartas. A Critical edition with introduction, commentary, and variants in three volumes, by Urban Tigner Holmes, Jr., John Coriden Lyons, Robert Whinte Linker, Chapel Hill, The University of North Carolina Press, 1935-1938-1940, VIII-240, VIII-440 et VIII-576 p.

La Iudith, Bloys, B. Gomet, 1579, édition critique A. Baïche, Toulouse, Faculté des Lettres et Sciences Humaines de Toulouse, 1970, CCXX-319 p.

La Sepmaine, ou Création du monde, Paris, J. Février, 1578, in-4°, 224 p.

La Seconde Sepmaine (...) revue par l'autheur, Paris, à l'Olivier de P. L'Huillier, 1584, in-4°, pièces lim., 102 ff.

Die Schöpfungswoche Des Du Bartas, édition critique préparée par Kurt Reichenberger, Tübingen, M. Niemeyer, Verlag, 1963, 2 tomes, V-202 et VI-320 p.

La Sepmaine, éd. Y. Bellenger, Paris, Société des Textes Français Modernes, 1981, 2 tomes (excellente édition possédant en outre une bibliographie très utile, t. 2, pp. 413-421).

Deuxième section : bibliographie générale

ARTHOS (J.) : « Du Bartas, Petrarch and the poetry of deism », *Renaissance Studies in honor of C. Camden, Rice University Studies,* 60, II, Spring 1974, pp. 1-18.

ASHTON (H) : *Du Bartas en Angleterre,* Paris, Larose, 1908, 392 p.

BAÏCHE (A.) : « Du Bartas hier et aujourd'hui », *Baroque,* IX-X, 1980, pp. 133-136.

BAILBÉ (J.) : « A. d'Aubigné et Du Bartas », *Études seiziémistes offertes à M. le professeur V. L. Saulnier* (...), Genève, Droz, 1980, pp. 289-311.

BEEKMAN (A.) : *Influence de Du Bartas sur la littérature néerlandaise,* Poitiers, Masson, 1912, p. 206 p.

BELLENGER (Y.) : « Quelques remarques à propos du temps et des jours dans les *Semaines* de Du Bartas », *Revue du Pacifique,* II, 1976, pp. 94-102 ; « Les paysages de la création dans *La Sepmaine* de Du Bartas », *CAIEF,* XXIX, 1977, pp. 7-23, 341 et « L'intelligence des animaux. Montaigne et Du Bartas, lecteurs de Plutarque », *Revue d'Histoire Littéraire de la France,* LXXX, 1980, pp. 523-539.

BIARD (J. D.) : « La Fontaine et Du Bartas », *Studi Francesi,* 1963, pp. 279-287.

BRADSTREET (A.) et GALINSKY (H.) : « Du Bartas und Shakespeare in Zusammenhang Kolonialer Verpflanzung und Umformung europäischer Literatur. Ein Forschungsbericht und eine Hypothese », dans *Festschrift für W. Fischer,* Heidelberg, 1959, pp. 145-180.

BRAUNROT (B) : *L'imagination poétique chez Du Bartas. Éléments de sensibilité baroque dans la « Création du monde »,* Chapel Hill, North Carolina Studies, n° 135, 1973, 157 p. et « Une rhétorique de la surprise. Motifs et figures de style dans la *Création du monde* de Du Bartas ». *Kentucky Romance Quarterly,* XX, 1973, pp. 371-385.

CASTAN (F.) : « L'épopée aquitaine. Du Bartas, A. d'Aubigné, Escorbiac, Ader » *Renaissance, Maniérisme, Baroque, Actes du IX stage international de Tours,* Paris, Vrin, 1972, pp. 115-136 et «The realm of imaginary in Du Bellay, Ronsard, Du Bartas and La Ceppède », *Yale French Studies,* New Haven, 1972, 47, pp. 110-123.

COLLETET (G.) : *Vie des poètes gascons,* Paris, A. Aubry, 1866.

CREORE (A. E.) : « The scientific and technical vocabulary of Du Bartas », *Bibliothèque d'Humanisme et de la Renaissance,* XXI, 1959, pp. 131-160.

DAGENS (J.) : « Du Bartas, humaniste et encyclopédiste dévot », *CAIEF,* X, 1958, pp. 9-24.

DAUPHINÉ (J.) : « L'argument Copernic dans la querelle de *La Sepmaine* de Du Bartas », *Bulletin de l'Association des Professeurs de Lettres,* déc. 1979, n° 12, pp. 6-14 ; « Argument scientifique et argument religieux dans *La Création du monde :* Du Bartas, Le Tasse, Murtola », *XVI Convegno internazionale di Montepulciano (1979)* et « Palingenius, Du Bartas, de Gamon, De Rivière et le système de Copernic », *IV° congrès néo-latin de Bologne (sept. 1979).*

DEGHILAGE (P.) : « L'évolution religieuse de Du Bartas », *Bulletin de la Société Archéologique, Historique, Littéraire et Scientifique du*

Gers, Auch, 3ᵉ trimestre, 1957, pp. 345-357 et 4ᵉ trimestre, 1957, pp.444-469.

DELARUELLE (L.) : « Recherches sur les sources de Du Bartas dans *La Première Semaine* », *Revue d'Histoire Littéraire de la France,* juin-sept. 1933, XL, pp. 321-354.

DURET (C.) : *L'Eden ou Paradis Terrestre de la Seconde Semaine de G. de Seigneur Du Bartas* (...), Lyon, B. Rigaud, 1594 (1591), in-4º.

ESCORBIAC (J. d') : *La Christiade, ou Poeme sacre contenant l'histoire saincte du Prince de la vie,* Paris, Corti, P. Coderc, 1613, in-8º.

GAMON (C. de) : *La Semaine, ou Creation du monde du sieur C. de Gamon, contre celle du Sieur du Bartas,* Genève, G. Petit, 1599, in-12, pieces lim., 258 p.

GENETTE (G.) : « Ordonnance du chaos », *Mouvements Premiers. Études offertes à G. Poulet,* Paris, Corti, 1972, pp. 43-50.

GREGORY (E. R., Jr.) : « Du Bartas, Sidney and Spenser », *Comparative Literature Studies,* Urbana, déc. 1970, VII, pp. 437-449.

HUGHES (M.) : « Le mythe de Babel à la Renaissance. Deux versions poétiques de la légende biblique », *Revue des Sciences Humaines,* XCIII, 1978, pp. 133-171.

JACQUES Iᵉʳ : *His Maiesties poeticall exercises at vacant houres,* Edinburgh, R. Waldegrave, 1591, in-4º.

KELLER (L.) : *Palingene. Ronsard. Du Bartas. Trois études sur la poésie cosmologique de la Renaissance,* Lausanne, F. Berne, 1974, 141 p.

LEBOIS (A.) : « En relisant ' *La Iudit* ' de Du Bartas », *Pyrénées,* 1970-1971, pp. 185-195.

PASCHAL (M.) : « The new world in ' *Les Sepmaines* ' of Du Bartas », *Romances Notes,* Chapel Hill, 1970, nº 11, pp. 619-q-éé;

PELLISSIER (G.) : *La vie et les œuvres de Du Bartas,* Paris, Hachette, 1882, 293 p.

POLLIN (B. R.) : « Du Bartas and V. Hugo in Poe's criticism », *Mississipi Quarterly,* XXIII, 1969, pp. 45-55.

PRESCOTT (A. L.) : *The reception of Marot, Ronsard and Du Bartas in Renaissance England,* these, Columbia University, 1967, 245 p. (Diss. Abstract. 28 (67-68) 1406 A / 1407 A) ; « An unknown translation of Du Bartas (by Robert Barret) », *Renaissance News,* 1966, pp. 12-13 et « The reception of Du Bartas in England », *Studies in the Renaissance,* vol. XV, 1968, pp. 144-173.

PRIEUR (M.) : « Le monde et l'homme de Du Bartas », *Bulletin de la Société Archéologique, Historique, Littéraire et Scientifique du Gers,* LXXI, 1970, pp. 369-397 et, 1971, LXXII, pp. 297-326.

SAINTE-BEUVE (C. A.) : *Tableau de la poésie française au XVIᵉ siècle,* Paris, Garnier, 1926.

SECRET (F.) : « La Kabbale chez Du Bartas », *Studi Francesi,* 1959, nº 7, pp. 1-11.

SHORT (W. N., Jr) : *The Phenomenology of Du Bartas' Les Sepmaines,* Thèse, Rice University, 1979, 182 p. (Diss. Abstract. XL, (79-80), 1504 A).

SINGFIELD (A.) : « P. Sidney and Du Bartas », *Comparative Literature,* XXV, 1975, pp. 8-20.

SNYDER (S.) : « Donne and Du Bartas : ' The Progresse of the Soule ' as parody », *Studies in Philology*, Chapel Hill, LXX, 1973, pp. 392-407.

STEGMANN (A.) : « L'Amérique de Du Bartas et de De Thou », *La Découverte de l'Amérique*, X^e stage international de Tours, Paris, Vrin, 1968, pp. 299-308.

TAYLOR (G. C.) : *Milton's use of Du Bartas*, New York, Octagon Press, 1960 (1934), 129 p.

THEVENIN (P.) : *L'hymne de la Philosophie de P. de Ronsard* (...) *et y rapportez à tout propos les lieux les plus insignes de divine Semaine du Sieur Du Bartas*, Paris, J. Feburier, 1582, in-4°, 129 p. et *Premier(-Septième) Jour de la Sepmaine, de G. de S., seigneur Du Bartas* (...) *illustré de commentaires*, Paris, D. Cotiner, 1584, in-4°, pièces lim., 732 p.

THIBAUT DE MAISIÈRES (M.) : *Les Poèmes inspirés du début de la Genèse à l'époque de la Renaissance*, Louvain, Uystpruyst, 1931, 154 p.

THOMAS (D. H.) : « John Eliot's borrowings from Du Bartas in his minor works », *Revue de littérature comparée*, 43, 1969, pp. 263-276.

VAGANAY (H.) : « Pour la bibliographie des éditions françaises de Du Bartas », *Bulletin du Bibliophile*, 1928, pp. 311-313 et 398-400.

INDEX

(index des auteurs, critiques et artistes)

TABLE DES MATIÈRES

Cet ouvrage a été achevé d'imprimer
en mai 1983 sur les presses
de l'Imprimerie de l'Indépendant
à Château-Gontier
Dépôt légal : 2ᵉ trimestre 1983